MÍRATE como DIOS te MIRA
JOSH McDOWELL

MÍRATECOMODIOSTEMIRA
JOSH McDOWELL

EDITORIAL **Vida**
DEDICADOS A LA EXCELENCIA

> 𝓛a misión de EDITORIAL VIDA es proporcionar los recursos necesarios a fin de alcanzar a las personas para Jesucristo y ayudarlas a crecer en su fe.

©2001 EDITORIAL VIDA
Miami, Florida 33166

Este libro se publicó en inglés con el título:
See Yourself As God Sees You
por *Zondervan Publishing House*
©2000 por *Zondervan Publishing House*

Traducción: *Marcela Robaina*

Edición: *Nora Domínguez*

Diseño interior: *Art Services*

Reservados todos los derechos. A menos que se indique lo contrario, el texto bíblico se tomó de la Santa Biblia Nueva Versión Internacional. © 1999 por la Sociedad Bíblica Internacional. Ninguna porción o parte de esta obra se puede reproducir, ni guardar en un sistema de almacenamiento de información, ni transmitir en ninguna forma por ningún medio (electrónico, mecánico, fotocopias, grabaciones, etc.) sin el permiso previo de los editores.

ISBN 0-8297-2855-4

Categoría: *Vida cristiana / Autoayuda*

Impreso en Estados Unidos de América
Printed in the United States of America

02 03 04 05 06 07 08 ❖ 07 06 05 04 03 02 01

CONTENIDO

Agradecimientos 7

PRIMERA PARTE: ¿QUIÉN ERES?

1. Las apariencias engañan 11
2. Un error de identificación 27
3. Para iluminar tu retrato 39
4. Las necesidades insatisfechas afectan tu identidad 49

SEGUNDA PARTE: ¿QUIÉN TE DIJO QUIÉN ERES?

5. La influencia de la familia 67
6. El principal artista de tu autorretrato 79
7. Otras influencias 95

TERCERA PARTE: LA BASE DE TU VERDADERA IDENTIDAD

8. El fundamento de la verdadera identidad 109
9. El proceso de transformación 121

CUARTA PARTE: EN CONCORDANCIA CON LA PERCEPCIÓN DE DIOS

10. Un nuevo sentido del amor 137
11. Un nuevo sentido de la valoración 151
12. Un nuevo sentido de la capacidad 163

QUINTA PARTE: PARA TENER UNA NUEVA IDENTIDAD

13. La búsqueda de un entorno propicio para la transformación 177
14. Una vista panorámica de tu persona 191

Apéndice: Los Ministerios para la Intimidad 203
Acerca del Autor 206

AGRADECIMIENTOS

Este libro es una revisión de una obra anterior, *His Image, My Image* [Su imagen, mi imagen]. Con la ayuda y el apoyo de las siguientes personas, la he vuelto a redactar completamente para actualizarla y hacerla más relevante al mundo de hoy. A ellos les deseo agradecer:

Waylon Ward, con quien trabajé en el libro original. Esta revisión refleja su sabio consejo y su experiencia práctica. Tengo una deuda de gratitud hacia mi amigo Waylon.

Dr. David Ferguson, por sus aportes y consejos para convertir este libro en una obra de mayor relevancia. Estas páginas reflejan el mensaje de David a través de su movimiento Ministerios para la Intimidad, y su influencia en miles de personas.

Ed Stewart, porque su capacidad para la escritura y su pasión harán que estas palabras cobren vida para el lector.

Dave Bellis, mi socio desde hace veintiún años, por coordinar este proyecto de principio a fin. Siento un profundo respeto por la valiosa contribución de Dave en la confección de este libro, y por el valor que él representa para mí en lo personal.

Lynn Vanderzalm, editora de Tyndale House Publishers, porque su talento editorial y su capacidad perceptiva permitieron presentar y reformular muchas de estas páginas para hacerlas más concisas y enfocadas.

PRIMERA PARTE

¿Quién eres?

Capítulo 1

Las apariencias engañan

Supongamos que contestas a la puerta y recibes una carta por correo expreso. La abres y comienzas a leerla; estás tan excitado que no lo puedes creer: ¡esta carta podría cambiar tu vida y hacer realidad todos tus sueños financieros!

La oficina de personal de una gran compañía multinacional está invitando a postulantes para presentarse a un cargo cómodo, de jerarquía, con una remuneración inicial que representa tres veces tu salario actual, con aumentos sustanciales todos los años y posibilidades formidables. Lo único que tienes que hacer es completar la solicitud de empleo adjunta y remitirla a la casa central de la compañía. Te sientas, sin demora, y llenas el formulario.

Según la solicitud de empleo, deberás someterte a una revisión completa de identidad. La oficina de personal solicita el envío de un paquete con material que describa en detalle quién eres.

¿Qué enviarás?

Posiblemente comiences con una fotografía: la que encuentres con la pose más halagadora y profesional. Hurgando en un cajón, revisas montones de fotografías, y recuerdas que algún día tendrás que quemarlas: esa fotografía de pasaporte espantosa, la instantánea en traje de baño con algunos kilos de más, una fotografía vieja con ropa y peinado irrisorios por ser tan pasados de moda. Decides sacarte una fotografía con un profesional para hacer las cosas bien. No cabe duda de que realmente deseas mostrar tu mejor aspecto para esta situación.

Preparas, entonces, tu currículum vitae: un registro largo y pormenorizado de tu educación, tu carrera profesional y tus actividades cívicas y religiosas. Casi estás tentado a agregar al paquete una lista de tus logros más notables: los cargos y los ascensos que has tenido, los honores y premios recibidos. Para que sobre y no que falte, puedes agregar algunas cartas de recomendación de amigos y colegas que saben qué buena persona eres. Encima de todo pondrás la carta de tu pastor, en la que elogia tu servicio desinteresado a Dios y a los demás.

Envías tu paquete y te sientas a esperar, con una sonrisa de satisfacción. Tienes la certeza de que tan pronto como la gente de la oficina de personal lea toda esa documentación, el trabajo ya será tuyo. Pero a los pocos días te devuelven el paquete con una nota de la oficina de personal: «Solicitud incompleta. El paquete incluye apariencia física, buen desempeño y logros; pero no nos ha dicho mucho sobre quién es.»

¿QUIÉN ERES?

Si recibieras ese mensaje, ¿cómo te sentirías? Posiblemente dirías: «Pero les dije quién soy. ¿Qué más les puedo decir?»

Piensa en esto. ¿Qué cosas te convierten en lo que eres? Como está implícito en la ilustración anterior, no son los atributos físicos, ni una impresionante educación o carrera profesional, ni tus muchos logros, ni tus dones espirituales. Tampoco es tu origen étnico, tu linaje, tus convicciones sociopolíticas o tus ideas sobre la segunda venida de Cristo. Todos estos elementos, si bien importantes, no constituyen lo que de veras eres. Son meras capas externas de tu identidad.

Hay un refrán que dice que «el hábito no hace al monje». Pienso que nadie puede poner en duda esta afirmación. La vestimenta puede *hacer destacar a una persona*, o *disfrazarla* por un tiempo, o *promocionarla* estratégicamente; pero de ningún modo *hacen* a la persona. La identidad está compuesta por algo más que los adornos y cosméticos con los que engalanamos nuestro cuerpo. La dieta y el ejercicio físico de última moda prometen convertirnos en una nueva persona: «Deshágase de esos kilos, tonifique sus músculos y observe cómo cambia su vida.» Pero, ¿acaso puede un cuerpo transformado afectar nuestra verdadera identidad? Por supuesto que no. Podremos sentirnos mejor y vivir más años. Nuestra verdadera identidad, no obstante, tiene poco que ver con el hecho de estar plenamente en forma o algo pasados de peso.

Teniendo en cuenta que estas capas exteriores son, entonces, meros accesorios de tu verdadera identidad, ¿quién eres en definitiva? La respuesta a esta pregunta no te califica ni descalifica para un trabajo cómodo y bien remunerado. En realidad, necesitas comprender quién eres porque este conocimiento es mucho más importante para tu vida que una carrera prestigiosa y lucrativa.

El núcleo de tu identidad, y en particular la percepción que tienes de la misma, desempeña un papel fundamental en la manera en que te conduces en la vida cotidiana: cuánto gozo disfrutas, cómo tratas a los demás y cómo respondes a Dios. Es esencial que sepas quién eres, sin confundir tu identidad con el aspecto físico y con lo que haces.

¿Te sientes feliz, y hasta entusiasmado, con lo que eres y hacia dónde diriges tu vida? ¿Sientes paz interior aun cuando las capas externas de tu aspecto físico, tu desempeño y tu posición distan mucho de ser perfectas? Si no tienes una noción clara de quién eres por debajo de estas muchas cubiertas externas, puedes experimentar un grado de insatisfacción y falta de sentido en tu vida. Puedes vivir permanentemente frustrado, como aquel estudiante universitario que me dijo: «Josh, conozco por lo menos a veinte personas que preferiría ser en vez de ser yo mismo.» O puedes tener la desgracia de vivir en el más completo desaliento, como aquel hombre que me escribió diciendo: «Estoy solo y confundido. Siento que, sencillamente, ya no vale la pena seguir viviendo esta vida. Me duermo llorando todas las noches. A veces solo deseo estar muerto.»

La crudeza de la pregunta «¿Quién soy?» puede resultarte nueva. Puedes haber estado tan preocupado por tus capas exteriores que no puedes reconocer el gran valor y mérito de tu persona, creada a la imagen del Creador y coronada «de gloria y de honra» (Salmo 8:5).

El concepto que tienes de ti es el resultado de distintas influencias. Si tus orígenes tienen una orientación conductista, puedes entender que la vida es un accidente cósmico donde las personas son poco más que máquinas programadas. Si sostienes un punto de vista existencial, puedes considerar que la vida es un absurdo. Si estás de acuerdo con los evolucionistas humanísticos, te considerarás algunos eslabones genéticos más desarrollado que los monos. En cualquiera de estas situaciones, la pregunta de la identidad es polémica porque el valor de la especie humana es, en último caso, incierto. Si los humanos no somos más que polvo inservible en el universo, es fácil suponer que el valor y el sentido de lo humano son extremadamente insignificantes.

Otra postura secular que puede haberte influenciado afirma que los seres humanos son completamente independientes y autónomos. Quienes proponen este punto de vista afirman que la ciencia y la tecnología han derribado las barreras de las supersticiones y los temores primitivos que mantenían cautivos a nuestros antepasados. Hemos dejado atrás nuestra necesidad de Dios y de la religión: somos libres para vivir como queramos. Para estos, la pregunta sobre la identidad personal también carece de sentido ya que, con atrevimiento, han asumido el papel del Creador en la experiencia humana.

IDENTIFICADOS CON EL CREADOR

Una joven hizo el siguiente comentario sobre su amiga: «Es una de las mujeres más hermosas del mundo, pero ella cree que es horriblemente fea; se considera grotesca. Por eso no puede confiar en nadie que le diga que la ama. Parece que estuviera diciéndole a Dios: "Dios, si tú me amas, debes ser un idiota."»

La única realidad en el punto de vista de esta joven es que Dios verdaderamente la ama. Su razonamiento es erróneo porque no se da cuenta de que el Dios de amor tiene la clave de su identidad. Solo él conoce su verdadero valor, infinitamente más preciado que su aspecto físico, su desempeño o su posición. Solo él puede colmar su necesidad de aceptación, de amor y de significado.

Las personas necesitan saber que Dios, su Creador, las ama y las aprecia. En tal sentido es que el cristianismo le habla a la humanidad en su búsqueda de identidad y propósito en la vida. Una relación personal con Jesucristo libera a la persona para que cumpla el propósito para el que fue creada. Aceptar a Cristo no es únicamente aceptar una filosofía de vida, sino que implica establecer una relación personal con el Creador amante, aquel que nos conoce de una manera perfecta y nos ama con un amor pleno. Somos hijos del Rey de reyes por toda la eternidad. ¿Quién puede ser más feliz y sentirse más satisfecho en la vida que alguien con esta identidad?

Por desgracia, en los albores del tercer milenio muchas personas de la población, e incluso muchos cristianos, sufren estrés, son infelices, se sienten insatisfechos y hasta están desalentados. ¿Por qué? Porque la mayoría duda de su verdadera identidad. Nuestra cultura, en gran parte, acepta y transmite el hecho de que tenemos poco valor y significado personal intrínseco. Hasta la iglesia es, en ocasiones, culpable de empañar el asunto de la identidad cuando pone demasiado énfasis en la vieja naturaleza pecaminosa, ya crucificada y sepultada con Cristo.

Mirarnos como meros «pecadores convertidos» puede afectar negativamente nuestro sentido de identidad. Después de todo, no nos referimos a las mariposas como gusanos convertidos. Una vez que se convierten en mariposas, lo viejo desaparece y lo nuevo ocupa su lugar. Cuando confiamos en Cristo, nos convertimos en nuevas criaturas: «las cosas viejas pasaron, y todas son hechas nuevas».

Espero que la lectura de este libro te ayude no solo a comprender quién eres de veras, sino también a disfrutar ser esa persona. Sé, por experiencia personal, que el punto de vista bíblico de Dios, de ti y de los demás, será una fuerza liberadora en tu vida. Cuando comiences a identificarte con el Rey, comenzarás a vivir como un príncipe o una princesa, que es lo que en definitiva eres.

Tu identidad como hijo de Dios determinará tu manera de encarar la vida, las luchas, la convivencia y tu relación con Dios.

LO QUE NO ERES

Antes de analizar los factores que constituyen nuestra verdadera identidad, debemos considerar lo que no somos. Dejemos de lado los mitos culturales imperantes, según los cuales el aspecto físico, el desempeño y la posición, constituyen la base de nuestra identidad personal.

Mito 1: *La apariencia lo es todo*

No hay, hoy en día, atributo personal más valorado por nuestra cultura que un aspecto físico atractivo y agradable. Las personas se preguntan todo el tiempo: «¿Qué tal luzco?» Tendemos a juzgarnos de acuerdo con los elogios o las burlas que los demás hacen basados en nuestro aspecto físico.

Encontramos los orígenes de esto en la infancia. Por desgracia, los niños pueden ser despiadados en el trato relacionado con el aspecto físico de sus iguales. Los apodos como Cuatro Ojos, Narizón, Bembón o Gordo, pueden afectar desfavorablemente el sentido de identidad de las personas. Algunos padres se suman a la crueldad. Como una gracia, una madre se refería a su hija como «la fea de la familia». ¿Qué concepto podía tener de sí esa niña mientras crecía? Si fuiste blanco de esta clase de bromas, muy posiblemente habrás interiorizado un sentido de identidad muy desvirtuado: «Soy un cero a la izquierda, feo y bizco.»

La importancia que le damos al aspecto físico es evidente en las sumas astronómicas de dinero que gastamos en vestimenta, cosméticos, joyas, peinados y ejercicio físico. Para muchas personas, simplemente *realzar* el aspecto físico no es suficiente. Es imposible calcular los millones de dólares que se gastan cada año para *cambiar* el aspecto físico, recurriendo a cirugía plástica, liposucción y tatuajes. En la actualidad, la gente se «arregla» todo, desde la nariz hasta el ombligo, usan colgantes y se ensortijan con pendientes cualquier parte imaginable del cuerpo. Los demás, y nosotros mismos, nos juzgamos más o menos favorablemente según estemos más o menos «de película».

Susan, una joven profesional, trabajaba diariamente rodeada de mujeres bellas. Es muy atractiva, de acuerdo con los estándares contemporáneos, pero ella no se considera así. Su madre le ha estado repitiendo, desde que era adolescente, que tiene una silueta fea. En lugar de reconocer su valor y mérito como creación divina, Susan cree que es fea e inadecuada. Está convencida de que ningún hombre la querrá porque tiene un cuerpo imperfecto. El trabajar rodeada de mujeres a quienes considera hermosas, solo consiguió que se sintiera peor acerca de sí misma. Su inseguridad con respecto a su aspecto físico comenzó a afectar la calidad de su trabajo y, finalmente, Susan perdió su empleo.

Sam tenía una deformidad porque un accidente en la niñez lo había dejado con cicatrices permanentes en la cara. En la adolescencia, sus compañeros lo rechazaban, en especial las muchachas. Su sentido de identidad perturbado puede resumirse en una palabra: un excéntrico. Como consecuencia, Sam se retrajo socialmente y se escapó a un mundo irreal: se pasaba hasta veinte horas semanales mirando películas. Posiblemente, también creyera que la oscuridad de la sala cinematográfica era el lugar apropiado para el ser extraño que se consideraba.

Nuestra apariencia, o la imagen que creemos que presentamos a los demás, constituye en parte nuestro sentido de identidad. En nuestro subconsciente hemos llegado a creer que las personas más hermosas son las más apreciadas, y como todos queremos ser apreciados, procuramos ser personas hermosas.

Pero, ¿puede acaso nuestro aspecto físico determinar nuestra verdadera identidad? Por supuesto que no. Esto es un mito. Si así fuera, Jesús nunca se hubiera acercado a los leprosos, los pobres, los paralíticos y los ciegos, aquellas personas cuyo aspecto físico, según los estándares humanos, era cualquier cosa menos hermoso y agradable. Podemos estar agradecidos porque nuestra identidad como criaturas de Dios cala más hondo. La Biblia nos recuerda:

«La gente se fija en las apariencias, pero yo me fijo en el corazón» (1 Samuel 16:7).

Con esto no quiero decir que el aspecto físico carezca de importancia. No hay nada malo en estar bien arreglados, tener buen gusto en el vestir y cuidar de nuestro cuerpo para lucir bien. El error es hacerlo para *ser* alguien. Como creación exclusiva de Dios, sin considerar las apariencias, ya somos alguien de infinito valor y mérito.

Mito 2: Eres lo que haces

Otro mito de identidad sugiere que el desempeño determina nuestro valor e identidad. La sociedad asigna mucha importancia al trabajo y valora a las personas por sus realizaciones y su rendimiento. En muchos círculos, la capacidad se mide por comparación. Las personas que trabajan más y mejor que sus compañeros de trabajo tienen mayor posibilidad de ser recompensadas con ascensos. En esta atmósfera somos propensos, por error, a equiparar nuestra identidad con lo que hacemos, en especial cuando nos comparamos con los demás. En consecuencia, podemos sentirnos amenazados cuando otra persona triunfa, o nos podemos sentir tentados a tener un orgullo impropio cuando nuestras habilidades superan a las debilidades ajenas.

Conozco estos sentimientos en carne propia. Hace unos años me invitaron a hablar en una conferencia para solteros en el estado de Florida. Como no podía concurrir, le sugerí al director de la conferencia que invitara a mi querido amigo y antiguo compañero de dormitorio en Wheaton College, Dick Purnell.

—Pero no conocemos a Dick Purnell —se quejó el director de la conferencia.

—Le aseguro —le respondí—, que su grupo quedará encantado con él.

Después de la conferencia, el director me llamó y, medio en broma, me dijo:

—¡Vaya si estamos contentos de que no haya podido venir! ¡Dick Purnell estuvo sensacional!

Por unos instantes mi amigo Dick parecía representar una tremenda amenaza. Mis sentimientos negativos me advertían que estaba haciendo que mi identidad y seguridad dependieran de mi ministerio como conferencista. Pude, sin embargo, vencer esos sentimientos y contar esa historia a otros, diciendo de corazón:

—El comentario del director con respecto a mi ausencia fue uno de los acontecimientos más provechosos en mi crecimiento cristiano durante este año.

Unos meses más tarde, me invitaron a hablar en una conferencia para el personal de una aerolínea. Esta vez no podía aceptar la invitación por motivos de salud; nuevamente recomendé a Dick. Un tiempo después, encontrándome en un avión, conocí a una azafata que había estado en esa conferencia. Me dijo:

—¡Qué bueno que haya estado enfermo! ¡Todo el mundo quedó encantado con Dick!

Esta vez mi corazón se llenó inmediatamente de agradecimiento por Dick y por su capacidad como comunicador.

Después de haber recomendado a Dick dos veces para que hablara en mi lugar y de haber conocido a personas que estaban más que contentas porque yo no había podido concurrir, sin duda alguna estoy muy feliz de que mi identidad dependa de algo más profundo que mi desempeño. Hubo un tiempo en que hubiera percibido esas respuestas como una amenaza a mi persona y a mi amistad con Dick. Ahora, en ocasiones deseo que ¡ojalá hubiera cientos de Dick Purnells para enviar en mi lugar!

Los adictos al trabajo son personas que, sin duda, basan su identidad en el desempeño. Todos tenemos algo de este rasgo en nuestra personalidad. Los ministros y los obreros cristianos suelen sufrir de la adicción al trabajo porque sienten que su valor ante Dios depende de llevar a cabo el trabajo de su ministerio y de cumplir con la gran comisión. Otros adictos al trabajo solo se sienten bien si están completamente agotados después de largas horas de trabajo. Una mujer me dijo: «Me siento bien cuando de noche estoy tan cansada que no puedo ni moverme.»

Tengo un amigo que me ha contado su lucha contra este patrón de equiparar el valor y la identidad con el desempeño. Criado en un hogar cristiano, no importaba lo bien que se desempeñara en una tarea, sus padres siempre querían que lo hiciera mejor. Nunca les escuchó decir: «¡Buen trabajo!» La aprobación de sus padres, especialmente de su padre, parecía estar siempre fuera de su alcance. Me dijo: «En casa, me parecía estar siempre trepando una escalera, pero sin poder llegar nunca al último peldaño.»

Incluso ahora, de adulto, mi amigo todavía se encuentra intentando ganar la aprobación de sus padres. Ambos han fallecido, pero sus estándares viven con él; y como no puede hacer lo suficiente para satisfacer su compulsión por el trabajo, no está en paz consigo mismo.

¿Tiendes a ser un adicto al trabajo? Esto puede reflejarse en lo que te cuesta relajarte. ¿Puedes tomarte un día libre para descansar y pasarla bien? ¿Todavía puedes sentarte tranquilamente para leer o descansar sin ponerte ansioso por las tareas pendientes? Los adictos al trabajo se deprimen cuando el almanaque (las vacaciones, los días feriados, los fines de semana) y las circunstancias (enfermedad, envejecimiento, desempleo) trastornan sus actividades.

No hay nada de malo en trabajar hasta tarde y trabajar mucho. Pero, si para sentirte bien necesitas estar activo, puedes estar creyendo que tu identidad depende de tu desempeño y no del incalculable valor que tu persona representa para Dios; este valor es independiente de cualquiera de tus realizaciones. Cuando Jesús eligió a sus doce discípulos, los llamó antes que nada «para que lo acompañaran» y después «para enviarlos a predicar y ejercer autoridad para expulsar demonios» (Marcos 3:14-15). Como alguien dijo una vez: hemos sido creados como *seres* humanos, no como *hacedores* humanos. Nada de lo mucho que hagamos para Dios puede sustituir el hecho de ser sus hijos.

Mito 3: Si no tienes poder no eres nadie

«¿Cuán importante soy?» Esta pregunta refleja, popularmente, el tercer mito de identidad. Es una cuestión de posición. Muchas personas no se sienten bien si no tienen suficiente poder, influencia o control sobre los demás. Su identidad se resume en la posición que han logrado. Estas personas, para sentir que sus vidas tienen valor y dignidad, procuran puestos de prestigio en los negocios, la política, las iglesias y las amistades.

Jack y Grace, de unos cincuenta años, eran una pareja cristiana muy afable. Como sus hijos ya eran mayores y no vivían con ellos, comenzaron a dedicar más tiempo a su iglesia sirviendo como voluntarios. Se inscribieron en varias comisiones, y se ofrecieron para enseñar en la Escuela Dominical y como líderes de estudio bíblico. Jack, recién llegado a la comisión del programa de educación cristiana, aportó su energía y vitalidad y se ofreció a presidir la comisión. Como era el único con tiempo disponible para la tarea, enseguida aceptaron su ofrecimiento. Grace participaba en el ministerio femenino de estudio bíblico, y pronto se hizo cargo de un pequeño grupo y se integró al equipo de líderes.

Después de un corto lapso en sus respectivos puestos, Jack y Grace comenzaron, sutilmente, a acaparar más poder. Jack convenció a la comisión para que cambiara el programa de educación cristiana por otro similar al que había usado cuando era maestro en otra iglesia. La comisión estuvo de acuerdo con su propuesta porque no querían perderlo. Sin embargo, el cambio de programa afectó el presupuesto de educación cristiana y provocó protestas e inconformidad entre el personal educativo, que estaba muy satisfecho con los materiales existentes. Jack expresó abiertamente que aceptaría un puesto de media jornada como director de educación cristiana.

Grace, mientras tanto, asumía poco a poco mayor liderazgo en el ministerio femenino: comenzó a usar su propio material de estudio bíblico en su pequeño grupo en lugar de utilizar el mismo material de estudio que el resto del grupo; y también ejerció su influencia en la comisión para el retiro anual femenino, encargándose de muchos de los detalles importantes. En todos sus esfuerzos, trataba de sugerir que sus ideas y métodos eran mejores que cualquier otro y que la comisión debería reconocer el mérito de sus contribuciones.

Después de unos meses, los demás voluntarios comenzaron a sentirse irritados con el subrepticio poder de Jack y Grace en sus respectivos ministerios. Los líderes de la iglesia les agradecieron sus deseos de servir, pero les pidieron que reconocieran también los dones de los demás. Viendo cómo les habían cortado sus alas de poder y prestigio, finalmente dejaron esa iglesia, para de nuevo comenzar el proceso en otra congregación deseosa de contar con voluntarios con experiencia.

Para muchas personas como Jack y Grace, la autoestima y la identidad personal están ligadas, al menos en parte, a su posición y su prestigio. No les alcanza con ser solícitas y dispuestas a ayudar cuando sea necesario. Necesitan ejercer su influencia y poder para sentirse valoradas. Si nuestra identidad y valor como hijos de Dios dependieran de nuestra posición y prestigio, la mayoría de nosotros no tendría la menor oportunidad. Una compañía no puede tener más que unos cuantos ejecutivos, una comunidad no puede tener más que algunos líderes políticos, y una iglesia no puede tener más que cierto número de presidentes de comisión.

La Biblia es clara: nuestra identidad como pueblo de Dios no depende de nuestra posición. Aunque creamos que somos importantes merced a nuestro prestigio y nuestra posición, Jesús afirmó: «El más importante entre ustedes será siervo de los demás. Porque el que a sí mismo se enaltece será humillado, y el que se humilla será enaltecido» (Mateo 23:11-12). Cristo eligió a doce hombres comunes para ser sus queridos discípulos, y pasó por alto a los líderes religiosos, henchidos de prestigio y arrogancia. Derramó su corazón a sus discípulos y les confió el ministerio de llevar el evangelio al mundo.

Podemos tener prestigio, o ser un don nadie en nuestra familia, trabajo, escuela o iglesia, pero somos importantes para Dios. Tus realizaciones pueden ser grandes o pequeñas, pero el infinito aprecio y estima que Dios siente por ti son inquebrantables. Una identidad personal sana implica mirarnos, ni más ni menos, como Dios nos mira.

Una identidad personal sana implica mirarnos, ni más ni menos, como Dios nos mira.

Rompe las cadenas del pasado

¿Te sientes reflejado en las páginas de este capítulo? ¿Te sientes algo desanimado porque haces que tu valor e identidad dependan demasiado de tu aspecto físico, tu desempeño y tu posición? Si es así, no eres el único. Estoy convencido de que la mayoría de las personas adultas tiene un sentido desvirtuado de su verdadera identidad. Nuestros padres y maestros, los medios de comunicación, el mundo de la propaganda y el mercado, incluso algunas de nuestras experiencias religiosas, han reforzado la noción de que nuestra identidad está compuesta por las apariencias, el desempeño y los logros. Aunque comprendamos la verdad, es difícil abandonar los patrones grabados en nuestra mente que parecen controlar dichos aspectos de nuestra conducta.

Somos como el elefante del circo con una pata atada a una estaca con una cadena de bicicleta. ¿Cómo puede ser que una cadena tan débil pueda dominar a semejante animal? El elefante permanece encadenado por un recuerdo. Cuando el animal era joven, trató de liberarse de la cadena, pero no fue lo suficientemente fuerte para lograrlo. El elefante aprendió que la cadena era más fuerte que él, y no ha olvidado la lección. Aunque ahora es lo suficientemente fuerte para escaparse, difícilmente lo intente; está condicionado al cautiverio. Si llega a liberarse, será difícil ponerlo nuevamente bajo control.

Nuestra percepción de la identidad opera de manera similar. Nos han hecho creer que el aspecto físico, el desempeño y la posición son importantes. Esta falsa noción nos tiene condicionados desde la niñez y nos mantiene cautivos, aunque sabemos que no es cierta. Saber quién eres verdaderamente te dará la fuerza para librarte de las débiles cadenas que te impiden realizar tu pleno potencial como criatura divina, única y valiosa. Como el elefante, puedes librarte de esas ataduras interiorizadas. Participa de la plenitud de la herencia del gozo, el significado y la satisfacción que nos corresponden por ser hijos de Dios. Este libro te mostrará cómo.

PARA TENER UNA IDEA LÚCIDA DE TU IDENTIDAD

En primer lugar, para comprender quién eres debes entender quién es Dios y conocer lo que siente por ti. Reflexiona sobre las siguientes verdades acerca de Dios. Tómate un tiempo para escribir tus respuestas a las preguntas en un cuaderno o en un diario.

1. *Dios es amor.* En 1 Juan 4:16 leemos: «Dios es amor. El que permanece en amor, permanece en Dios, y Dios en él.»
   - ¿Qué significa que Dios es amor?
   - El mismo versículo también dice: «Y nosotros hemos llegado a saber y creer que Dios nos ama.» ¿Qué significa que el Dios de amor *te ame*?

2. *Dios es el Creador.* En Isaías 44:24 leemos: «Así dice el SEÑOR, tu Redentor, quien te formó en el seno materno: "Yo soy el SEÑOR, que ha hecho todas las cosas."»
   - ¿Qué significa que Dios sea el Creador?
   - ¿Qué significa que Dios, el Creador, *te haya creado*?

En segundo lugar, para comprender quién eres necesitas prestar atención a lo que Dios dice que *eres*. Escucha la voz de Dios hablándote:

1. *Dios dice: «Tú eres mi hijo.»* En Juan 1:12 leemos: «Mas a cuantos lo recibieron, a los que creen en su nombre, les dio el derecho de ser hijos de Dios.»
    - Toma este versículo y hazlo tuyo: «He creído en Dios y lo he aceptado. Me ha dado el derecho de ser su hijo.»
    - ¿Qué significa que Dios esté tan interesado en ti como para hacerte su hijo, uno de los suyos?
    - ¿Puedes comprender lo que Dios siente por ti?

2. *Dios dice: «Tú has sido escogido.»* En Efesios 1:4 leemos: «Dios nos escogió en él antes de la creación del mundo, para que seamos santos y sin mancha delante de él.»
    - Toma este versículo y hazlo tuyo: «Fui escogido por Dios, incluso desde antes de la creación del mundo, para ser santo y sin mancha.»
    - ¿Qué significa que Dios te haya escogido? ¿Que no haya escogido a un gran grupo de gente, sino a ti?
    - ¿Puedes comprender lo que Dios siente por ti incluso desde antes de la creación del mundo?

Tómate un tiempo para agradecerle a Dios lo que te ha revelado acerca de su persona. Escúchalo mientras habla a tu corazón en el transcurso de los próximos días y semanas. Deja que estas verdades de las Escrituras obren en lo profundo de tu corazón y de tu identidad.

Capítulo 2

Un error de identificación

¿Llevas fotos de tu familia en la billetera? ¿Se las muestras con orgullo a los demás cuanto hablas de tus padres, tus hermanos y hermanas, tu cónyuge o tus hijos? La mayoría de las personas están más que deseosas de mostrar las fotos de sus seres queridos. Pero, ¿cómo te sientes cuando tienes que mostrar esa otra foto en tu billetera: la foto de tu licencia de conducir? Posiblemente, como en mi caso, el solo pensar en ello ya te hace sentir mal. Cuando saco mi billetera para alardear de Dottie y de nuestros cuatro hijos, me siento tentado a colocar el pulgar sobre esa foto «con cara de presidiario». El departamento de vehículos automotores parece esmerarse en sacar las peores fotos. Esa fotografía en nada se parece a mí.

Todos tenemos otra fotografía de identificación personal, mucho más importante que la que podemos llevar en nuestra billetera o cartera. Se trata de un autorretrato subjetivo: el concepto que tenemos de nosotros mismos. Como en el caso de la foto en la licencia de conducir, este autorretrato subjetivo puede ser, o no, una fiel representación de tu verdadero ser. Así como la calidad de una fotografía puede verse afectada por un mal enfoque o por ajustes incorrectos de la cámara, el autorretrato mental puede no ser fiel porque tienes una impresión imperfecta o incompleta de tu persona.

Tomemos el caso de Alex. Mientras crecía, el mensaje dominante era: «Alex, no puedes hacer nada bien.» ¿Acaso era una representación precisa de Alex? ¡De ninguna manera! Alex no era apto para todo: nadie lo es. Pero decir que no podía hacer *nada* bien es una exageración grosera y humillante. Sin embargo, ese mensaje dejó su huella en su corazón desde la niñez. Alex lleva consigo, desde que era niño, ese autorretrato desfigurado donde quiera que vaya. Es la imagen de un hombre de treinta y dos años que cree que es apenas algo más que un error, siempre a punto de fracasar. Como tiene vergüenza de revelar su identidad equivocada a los demás, es tímido y antisocial.

Por otra parte, consideremos el caso de Teresa; la percepción de su identidad merece ser resaltada. Teresa se crió en un hogar cristiano con padres que le prodigaron amor y cuidados. En sus primeros años aprendió que era una creación de Dios, única y muy querida. Como resultado, de adulta, está muy segura de su valía para Dios y los demás. Conoce nuevas personas con facilidad, y Dios la ha utilizado para llevar a algunas de sus amistades a Cristo.

¿Cómo te sientes con tu autorretrato interno? ¿Se parece al de Alex? ¿Te avergüenzas de tu autorretrato y preferirías mantenerlo oculto? ¿O se parece más bien al de Teresa? ¿Sientes que es una fiel representación de tu verdadera identidad como hijo de Dios? Hablo con miles y miles de adultos y jóvenes todos los años, y visito a cientos de ellos personalmente después de las reuniones. Por desgracia, conozco a muchas personas como Alex. Todd, por ejemplo, parecía ser muy equilibrado y seguro de sí mismo; sin embargo, me dijo: «Josh, creo que soy un fracasado. ¡Tengo tanto temor a lo que la gente piensa de mí! Me cuesta aceptarme. Me da miedo sostener la mirada de la gente y hasta temo estar con ellos. Me siento como una basura. Tengo miedo de ser rechazado.»

Las personas como Alex y Todd cargan con retratos subjetivos muy fuera de foco. Muy pocas personas disfrutaron los antecedentes positivos y el amparo que gozó Teresa. Muchas personas luchan por abrirse paso en la vida y no pueden ver su verdadera identidad porque provienen de hogares difíciles, de culturas ateas o de experiencias religiosas no bíblicas, o de una combinación de las tres.

LO QUE MIRAS ES LO QUE OBTIENES

Nos guste o no, la idea que tengamos de nuestra persona influye considerablemente en nuestro bienestar emocional, social y espiritual. La investigación demuestra que somos propensos a obrar en armonía con la representación mental que tenemos de nuestra persona. Por ejemplo, los niños expuestos al ridículo como incompetentes, son proclives a cometer más errores. Las personas que se creen feas suelen tener dificultad para entablar buenas amistades. Si te consideras un fracasado, encontrarás la manera de fracasar no importa cuánto desees triunfar. Si consideras que, gracias a tu relación con Dios, eres capaz y bueno, enfrentarás la vida con más optimismo y te desempeñarás mucho mejor.

Cuando Ben tenía seis años, tenía problemas con algunos conceptos básicos en la escuela. Sus padres y sus abuelos, viendo sus vacilantes esfuerzos, lo llamaban burro y estúpido. Cuanto más los oía él, más problemas tenía con sus asignaturas escolares. Como resultado, uno de los primeros autorretratos subjetivos de Ben tenía un gran letrero: Estúpido. Durante todos sus años escolares, Ben vivió con ese error de identificación que había asimilado en su subconsciente cuando tenía seis años.

Tanya se casó con Ron sin ninguna experiencia de las tareas hogareñas. Como sus padres no le habían enseñado los conceptos elementales de cocina, creía que era incapaz de cocinar. Ron, un individuo chapado a la antigua, esperaba que Tanya lo recibiera con una gran y deliciosa comida cuando llegaba del trabajo, si bien ella también trabajaba fuera de casa. Durante las primeras semanas de su matrimonio, Tanya todo lo cocinaba demasiado o lo dejaba a medio cocinar: la lasaña salía del horno hecha carbón; el pollo frito estaba crudo por dentro; su postre de gelatina era más aguachento que la sopa. Ron no podía haber sido menos comprensivo: «¿Qué te pasa, Tanya? Ni siquiera sabes cómo calentar una lata de frijoles y cerdo.» Tanya se visualizaba en la cocina con un gran cartel colgado de su cuello: Fracaso. Con esa imagen de sí, nunca dejó de ser una pésima cocinera.

Una percepción clara de nuestra verdadera identidad constituye un activo valiosísimo para una vida sana, feliz y productiva. Un sentido de identidad desvirtuado será un obstáculo a esos valores tan anhelados. Las personas como Ben y Tanya están tan convencidas de su ineptitud, de que nadie las querrá, de que son feas o poco importantes, que ni siquiera ellas se quieren. Al luchar por aceptarse como son, proyectan su percepción en los demás y están convencidas de que nadie las puede querer, ni siquiera Dios. Estos sentimientos negativos generan ansiedad, estrés y depresión; son influencias negativas en las amistades, el desempeño laboral y el crecimiento espiritual.

¿TE MIRAS CON UNA VISIÓN DE 20/20?

Hay dos posibilidades: nuestra visión puede ser imprecisa o nítida. Las personas con una visión nítida de su verdadera identidad se sienten importantes. Comprenden su importancia para Dios y para los demás; saben que, gracias a su presencia en el mundo, este es un lugar mejor. Son capaces de relacionarse con los demás y apreciarlos sin sentirse amenazadas. Irradian esperanza, gozo y confianza porque tienen la seguridad de ser hijos de Dios. Se aceptan como criaturas divinas: dignas de ser amadas, valiosas y competentes, redimidas y reconciliadas con Dios para ser lo que él quiere que sean.

Por otra parte, las personas con una visión imprecisa de su identidad como criaturas de Dios manifiestan una serie de limitaciones. Veamos tres de esas limitaciones:

1. *Las personas con una visión imprecisa de su identidad tienen dificultad para relacionarse con otras personas.* Las personas sin un buen autorretrato están tan absortas en sus propias incapacidades que carecen de la energía y atención suficientes para relacionarse positivamente con los demás. Esto es evidente cuando están en presencia de personas que les recuerdan sus defectos. Las personas con escaso sentido de identidad están tan necesitadas de atención que son incapaces de brindar atención desinteresada a los demás. Como resultado, parecen ser insensibles y egocéntricas. Los sentimientos de incapacidad, producto de un sentido

empobrecido de identidad, les impide recibir el amor y el afecto de los demás.

2. *Las personas con un sentido pobre de identidad dependen de otros para determinar cómo se definen en un momento dado.* Cuando están rodeadas de personas que las reconocen y elogian, están conscientes de su valía. Sin embargo, cuando la familia, los amigos o los colegas las critican, su sentido de identidad da un giro negativo. En realidad, son esclavas de las opiniones ajenas. No son libres para ser ellas mismas porque su identidad depende de las respuestas de los demás. Así es el caso de Bob, un ejecutivo atractivo y elegante. Infunde confianza, es claro ejemplo de los principios que enseña en sus conferencias sobre motivación. Da disertaciones a grupos de negocios, en todos los Estados Unidos, sobre cómo motivar a equipos, aumentar las ventas y tener confianza personal. Es resuelto y estrecha las manos con confianza, transmitiendo éxito y seguridad. ¿Qué está haciendo, entonces, en la oficina de un consejero?

A medida que Bob habla sobre el enojo, la crítica y el rechazo de su esposa, su fachada de confianza comienza a derrumbarse. Es un hombre completamente distinto en su casa. El conflicto en su matrimonio erosiona su sentido de capacidad. Confiesa con lágrimas su temor a fracasar si no cuenta con el apoyo de su mujer. ¿Dónde está su confianza inquebrantable? En el ámbito de los éxitos comerciales, su estima es alta; en su hogar, donde su esposa lo llama un fracasado, las dudas lo acosan. Sin una idea clara de quién es, el autorretrato de Bob continuará cambiando como el camaleón, según las reacciones que reciba de quienes lo rodean.

3. *Las personas con una percepción negativa de su identidad también deben luchar con expectativas negativas.* Estas personas van por la vida esperando ser rechazadas, estafadas y subestimadas. Como esperan siempre lo peor, su comportamiento suele producir ese resultado. Se involucran en conductas autodestructivas; son desconfiadas y sospechan de todos; titubean entre la frágil esperanza de ser aceptadas por los demás y la creencia latente de que nadie las querrá ni aceptará.

Consideremos el caso de Karen. Al entrar a la oficina del consejero cristiano, se parece a una cigüeña: alta, flaca, con los hombros encorvados. Su postura refleja la profunda depresión y el sentimiento de incapacidad que padece. Su manera de vestirse y sus gestos nos señalan que no se siente nada bien consigo misma. Todo lo que Karen hace comunica: «¿Quién me podría querer?»

Karen tuvo que consultar a un consejero porque sabía que su esposo, un pastor, tendría que dejar el ministerio si descubrían su conducta compulsiva; llevaba unos meses robando en las tiendas, pero aún no la habían descubierto. Últimamente había maltratado a un niño a su cuidado. El sentido impropio de identidad de Karen había menoscabado considerablemente su autoestima. Al considerarse una pecadora despreciable, esperaba lo peor de sí y, por ende, accedía a acciones y costumbres pecaminosas.

Felizmente, había esperanza para la condición de Karen. A medida que el consejero le abrió los ojos y el corazón para que pudiera mirar su verdadera identidad en Cristo, Karen se transformó. Ahora es otra persona: la esposa cariñosa de un pastor y la madre de tres niños.

UNA PERSONA, MUCHOS RETRATOS

¿Qué ves cuando te miras a ti mismo? ¿Qué miran las personas allegadas a ti: tus padres, tu cónyuge, tus hijos, tus amigos íntimos? ¿Cómo te presentas frente a tus conocidos: el empleado de la tienda, el vecino de la otra cuadra, la persona que todos los domingos se sienta del otro lado del pasillo en la iglesia? ¿Qué mira Dios cuando te mira? Las respuestas a estas preguntas son vitales para el proceso de transformar la percepción imperfecta que tienes de ti en una definición correcta de tu verdadera identidad.

Sin duda que todas las personas te miran de diferente manera, cada una desde su propia y exclusiva perspectiva. Es posible entender las distintas perspectivas considerando la *ventana Johari*, una herramienta popular utilizada para explicar procesos de comunicación. Cada uno de los cuatro «paneles» de la *ventana Johari* representa una perspectiva distinta.

El primer panel se llama el *ser abierto*, y representa lo que tú y cualquier otro pueden mirar de ti. Es lo que está a la vista: nombre, aspecto físico, historial, información superficial y todo lo que sea del dominio público sobre tu persona. El segundo panel, el *ser oculto*, representa lo que tú miras pero los demás no miran, o no pueden ver. Es el mundo íntimo de tus ambiciones, anhelos y pensamientos secretos.

Estos primeros dos paneles te presentan con una clara imagen de quién eres. En los restantes, tu sentido de identidad está restringido.

El tercer panel, el *ser ciego*, representa lo que los demás miran pero tú no miras. Por ejemplo, tu cónyuge sabe que eres un padre o una madre cariñoso y paciente, mientras que tú solo te fijas en tus fracasos. Al mirar cómo trabajas con los niños en la Escuela Dominical, tu pastor mira la materia prima de tu don para la enseñanza, mientras que tú te consideras inepto e ineficaz. En la medida en que los demás te hagan saber lo que miran en ti, esta ceguera puede disiparse.

Por último, el cuarto panel, el *ser desconocido*, representa lo que ni tú ni los demás miran en ti: experiencias olvidadas que han forjado tu comportamiento, motivos subyacentes, dolores profundos que has guardado en tu subconsciente. El ser desconocido es el más difícil de cambiar, por cuanto ni tú ni tus seres queridos lo pueden vislumbrar fácilmente.

Para modificar tu autorretrato interno, es evidente que requieres otra perspectiva. Necesitas la ayuda de alguien que pueda mirar los cuatro paneles simultáneamente, alguien que tenga a la vista todo el panorama. Además, esa persona debe amarte tal y como eres verdaderamente, y ser lo suficientemente poderosa para ayudarte a cambiar lo que no puedes ver ni puedes cambiar.

Esta persona, por supuesto, es Dios. Él es el único que sabe todo sobre ti y, a pesar de todo, te ama. Él es el único que mira lo que tú has sido, lo que eres y lo que serás algún día. El Rey David estaba maravillado de cómo Dios lo conocía en lo más íntimo y de manera cabal. Escribió:

> «SEÑOR, tú me examinas, tú me conoces. Sabes cuándo me siento y cuándo me levanto; aun a la distancia me lees el pensamiento. Mis trajines y descansos los conoces, todos mis caminos te son familiares. No me llega aún la palabra a la lengua cuando tú, SEÑOR, ya la sabes toda... ¡Te alabo porque soy una creación admirable! ¡Tus obras son maravillosas y esto lo sé muy bien! Mis huesos no te fueron desconocidos cuando en lo más recóndito era yo formado, cuando en lo más profundo de la tierra era yo entretejido. Tus ojos vieron mi cuerpo en gestación: todo estaba ya escrito en tu libro; todos mis días se estaban diseñando, aunque no existía uno solo de ellos.»
> *(Salmo 139:1-4, 14-16)*

Por eso no resulta extraño que David haya orado con confianza sobre las partes oscuras y desconocidas de su vida: «Examíname, oh Dios, y sondea mi corazón; ponme a prueba y sondea mis pensamientos. Fíjate si voy por mal camino, y guíame por el camino eterno» (Salmo 139:23-24).

Mientras procuramos ajustar nuestro autorretrato a la visión de Dios, confiamos en que Dios lo sabe todo sobre nosotros y nos ama plenamente. Nuestro ser ciego y nuestro ser desconocido le resultan claros como el agua. Él sabe que necesitamos traer esas partes a la luz. En su amor, está deseando transformarnos en aquello para lo que nos creó.

TÚ PUEDES TRANSFORMAR UN RETRATO DEFECTUOSO

Puedes estar pensando: «Josh, ¡con razón mi vida es un desastre! Mi sentido de identidad está "fuera de quicio". ¿Tengo esperanza?» Créeme, sé cómo te sientes. Si lees mi biografía, *A Skeptic's Quest* [Un escéptico en busca de la verdad] tendrás una idea de cómo una infancia con un padre alcohólico me dejó con una baja autoestima y un pobre sentido de identidad como creación divina. Si hubiera permitido que las experiencias de mi infancia colorearan mi autorretrato subjetivo, hoy todavía estaría lleno de rabia y angustia. Pero, siendo un joven cristiano, la imagen equivocada que heredé de estas influencias negativas vividas comenzó a cambiar en dirección a mi verdadera identidad.

Pon tu autorretrato a la vista de Dios para encontrar tu justa identidad.

Quiero que tengas la certeza, basada en las Escrituras y en mi experiencia personal, de que tu autorretrato subjetivo imperfecto no es permanente: tienes esperanza. Aunque tu autorretrato esté profundamente arraigado en tu mente consciente o subconsciente, puedes cambiarlo para tener una representación más exacta de la persona que Dios pretende que seas. Nunca podrás mirarte con la claridad con que te mira Dios. Las debilidades y los puntos ciegos podrán deformar tu visión; pero te podrás mirar con mayor nitidez. Cuanto más te concibas como Dios te mira y más comprendas tu verdadera identidad, más disfrutarás ser quien eres. Pon tu autorretrato a la vista de Dios para encontrar tu justa identidad.

Hacía poco tiempo que Bonnie era cristiana y comenzó a asistir a una iglesia cuyos miembros eran muy legalistas y críticos. Con mucha frecuencia la criticaban por lo que consideraban costumbres y vestimenta mundana. Encontrándose en ese ambiente, sentía que debía demostrar su fe una y otra vez. Estaba desanimada porque creía que nunca sería digna del amor y la salvación de Dios, algo que ya había recibido por la fe. Cuando Bonnie cambió de empleo y se mudó a otra ciudad, se llevó consigo el mote de «espiritualmente indigna» en su identidad, como resultado de esas influencias negativas.

La iglesia que recibió a Bonnie en su nueva localidad era diferente, estimulante. En lugar de criticar su manera de vestir y juzgarla por algunas de sus actitudes, la congregación le dio la bienvenida y la aceptaron tal como era, reflejando así la aceptación de Dios. En este nuevo entorno acogedor, la percepción que Bonnie tenía de sí misma se transformó. Se dio cuenta de que era una persona de gran valor para Dios y para su congregación cariñosa. Al comprender su verdadera identidad con más lucidez, ella experimentó una satisfacción mayor en el camino de la fe, y se convirtió en testigo elocuente del amor de Dios.

Tú también puedes transformar la percepción que tienes de ti mismo: de lo que piensas que eres a lo que verdaderamente eres.

¿Cómo tiene lugar esta transformación? Los siguientes capítulos contestarán esta pregunta con más detalle; pero, a continuación, les narro mi propia experiencia. En primer lugar, establecí una relación personal, amorosa y dinámica con Dios mediante su Hijo Jesucristo. En segundo lugar, me comprometí a asimilar el carácter de Dios por medio del estudio de su Palabra. En tercer lugar, permití que otros cristianos, en especial los que tenían una idea más clara que yo de mi identidad, me ayudaran a replantear mi entendimiento. Ahora me miro con los ojos de Dios, ¡y me encanta lo que miro!

Tú también puedes transformar la percepción que tienes de ti mismo: de lo que *piensas* que eres a lo que *verdaderamente* eres. Puedes reemplazar el retrato desfigurado, vergonzante, deprimente e influenciado por cómo fuiste criado, con una representación estimulante y animada de tu verdadero yo. Yo quiero ayudarte para que te mires como Dios te mira. Deseo ayudarte a descubrir quién eres de veras, una persona especial para Dios.

Para tener una idea lúcida de tu identidad

En primer lugar, para comprender quién eres debes entender quién es Dios y conocer lo que siente por ti. Reflexiona sobre las siguientes verdades acerca de Dios. Tómate un tiempo para escribir tus respuestas a las preguntas en un cuaderno o en un diario:

1. *Dios conoce todas las cosas.* Leemos en el Salmo 139:1, 5: «SEÑOR, tú me examinas, tú me conoces ... Tu protección me envuelve por completo; me cubres con la palma de tu mano.»
   - ¿Qué significa que Dios conoce todo sobre ti?
   - ¿Qué significa que el Dios que todo lo conoce sabe que eres una persona digna de ser amada, valiosa y competente?

2. *Dios es el rey del universo.* Leemos en 1 Crónicas 29:11: «Tuyos son, SEÑOR, la grandeza y el poder, la gloria, la victoria y la majestad. Tuyo es todo cuanto hay en el cielo y en la tierra. Tuyo también es el reino, y tú estás por encima de todo.»
   - ¿Qué significa que Dios sea el rey del universo?
   - ¿Qué significa que Dios, el rey, gobierna todas las circunstancias de tu vida?

En segundo lugar, para comprender quién eres necesitas prestar atención a lo que Dios dice que eres. Escucha la voz de Dios hablándote:

1. *Dios dice: «Eres una obra maestra.»* Leemos en Efesios 2:10: «Porque somos hechura de Dios, creados en Cristo

Jesús para buenas obras, las cuales Dios dispuso de antemano a fin de que las pongamos en práctica.»
- Toma este versículo y hazlo tuyo: «Soy la obra maestra de Dios. Dios me ha hecho de nuevo por medio de Jesucristo.»
- ¿Qué significa que Dios te llame su obra maestra, una creación de gran valor?
- ¿Puedes comprender lo que Dios siente por ti, que está encantado contigo?

2. *Dios dice: «Te amo, con amor eterno.»* Leemos en Jeremías 31:3: «Con amor eterno te he amado; por eso te sigo con fidelidad.»
   - Toma este versículo y hazlo tuyo: «Dios me ama con amor eterno; por eso me sigue con fidelidad.»
   - ¿Qué significa que Dios te ame con amor eterno; es decir, que nada de lo que digas o hagas podrá cambiar el amor que siente por ti?
   - ¿Puedes comprender lo que Dios siente por ti cuando te sigue con fidelidad?

Tómate un tiempo para agradecerle a Dios lo que te ha revelado acerca de su persona. Escúchalo mientras habla a tu corazón en el transcurso de los próximos días y semanas. Deja que estas verdades de las Escrituras obren en lo profundo de tu corazón y de tu identidad.

CAPÍTULO 3

Para iluminar tu retrato

Para conocer quién eres, necesitas remitirte a quien te creó. Tu verdadera identidad es lo que Dios considera que eres. Para lograr una clara perspectiva de tu verdadera identidad, debes mirarte, ni más ni menos, como Dios te mira. La gran pregunta es: «¿Cómo me mira Dios?» Más adelante hablaré sobre este asunto, a continuación solo presentaré una breve respuesta.

¿Cómo nos mira Dios?

1. *Dios te considera digno de ser amado por la eternidad.* Él es tu Padre. Él te creó a su imagen (lee Génesis 1:26-27). Eres la cima de su genio creativo. El salmista se maravillaba del ser humano creado por Dios: «Pues lo hiciste poco menos que un dios, y lo coronaste de gloria y de honra» (Salmo 8:5). En respuesta a tu fe en Cristo, Dios te acogió en su familia como a un hijo (lee Juan 1:12-13). Dios te ama tanto que le ha encargado a sus ángeles que te cuiden (lee Hebreos 1:14; Salmo 91:11-12). Dios ha dispuesto desarrollar una relación íntima contigo porque te ama. Nada de lo que hagas podrá disminuir el amor que siente por ti.

2. *Tienes un valor incalculable para Dios.* ¿Qué valor tienes para Dios? En el Calvario, Dios proclamó ante el cielo, el infierno y toda la tierra, que merecías el regalo de Jesucristo, su amado Hijo. Si tuvieras que ponerte un precio, este sería «Jesús», porque eso fue lo que Dios pagó para salvarte (lee 1 Corintios 6:19-20; 1 Pedro 1:18-19). Su muerte en la cruz fue el pago de tus pecados. Para Dios, «vales tanto como Jesús» porque eso fue lo que él pagó por ti. Esto es la solemne declaración de tu valor para Dios. No obstante, tu valor es un valor *derivado*, no es un valor *propio*. Vales

mucho porque nuestro Dios, en su amor, así te creó. Necesitas comprender que aunque hubieras sido la única persona en la tierra, Dios habría mandado a su Hijo por ti. Y, como si esto fuera poco, habiendo conquistado el pecado, la muerte y la tumba, Jesús regresó al cielo para prepararte una morada eterna (lee Juan 14:1-3).

3. *Eres completamente competente para Dios.* «Cuando venga el Espíritu Santo sobre ustedes, recibirán poder» (Hechos 1:8) les anunció Jesús a sus discípulos. Como resultado de la promesa de Cristo, Pablo podía enorgullecerse: «Todo lo puedo en Cristo que me fortalece» (Filipenses 4:13). En el mismo sentido, Pablo nos recuerda: «No es que nos consideremos competentes en nosotros mismos. Nuestra capacidad viene de Dios. Él nos ha capacitado para ser servidores de un nuevo pacto» (2 Corintios 3:5-6). Dios te ha dado este poder por medio del Espíritu Santo que mora en ti, y te declara competente para ser su embajador. Reflexiona sobre esto: Dios confía tanto en ti que te dejó en la tierra para terminar el ministerio de reconciliación comenzado por Jesús, «como si Dios los exhortara a ustedes por medio de nosotros» (2 Corintios 5:20). En ocasiones, puedes poner en duda el juicio de Dios por haber depositado tanta confianza en ti para servir en su nombre. Estás demasiado consciente de tus debilidades; hay muchas otras personas que parecen mejor dotadas que tú. Pablo nos recuerda, entonces: «Tenemos este tesoro en vasijas de barro para que se vea que tan sublime poder viene de Dios y no de nosotros» (2 Corintios 4:7). Reflexiona sobre esto: Dios no usó un profesional para construir el arca; pero, ¡vaya si eran profesionales los técnicos que construyeron el Titanic!

Es importante recordar, sin embargo, que el ser considerados dignos de amor, valiosos y competentes como hijos de Dios, proviene de ser lo que él nos hizo y de lo que hizo por nosotros. Dios no se fija ni se interesa en nosotros por nada de lo que hagamos o seamos por nosotros mismos. Nuestra identidad se la debemos solo a él. Debemos regocijarnos constantemente con el salmista:

«¡Te alabo porque soy una creación admirable! ¡Tus obras son maravillosas y esto lo sé muy bien!» (Salmo 139:14).

Para vivir en la luz

¿Por que, entonces, somos tantos los que vivimos como si no creyéramos que Dios nos ama, nos valora y nos considera competentes? El apóstol Pablo describe nuestra condición: «Porque ustedes antes eran oscuridad, pero ahora son luz en el Señor. Vivan como hijos de luz» (Efesios 5:8). Antes de ser creyentes, vivíamos en la oscuridad; ahora, que hemos entregado nuestras vidas al señorío de Cristo, es como si él hubiera encendido la luz para que podamos ver la verdad.

¿Has estado alguna vez en una galería de arte con las luces de la sala encendidas pero los focos que iluminan las pinturas apagados? Cuando las luces de la sala están encendidas, es posible ver los marcos de las obras y hasta distinguir algunos rasgos de los retratos; pero cuando se encienden los focos, y una luz intensa ilumina cada pintura, es posible mirar todos los detalles del retrato: la expresión del rostro, el matiz de la piel, el color de los ojos, la curva de los labios. Cuando los focos están encendidos, podemos mirar a la persona como el artista quería que la miráramos.

La luz de Dios se asemeja a los focos: nos baña con su resplandor y nos muestra para qué fuimos creados.

De todos modos, muchos de nosotros no hemos mirado con nitidez el retrato que Dios tiene de nosotros. Algunas circunstancias de la vida pueden ocultar o limitar la luz de la verdad con respecto a nuestra verdadera identidad. Cuando la luz de Dios está cubierta, tenemos una visión imprecisa de nosotros mismos, y nuestras vidas sufren como consecuencia de ello. Consideremos, en primer término, cómo Dios ha provisto la entrada de la luz en nuestras vidas. Las Escrituras identifican tres fuentes divinas de luz en el mundo:

1. *Jesucristo, la fuente principal de luz.* Juan nos presenta a Jesús: «En él estaba la vida, y la vida era la luz de la humanidad» (Juan

1:4). Jesús dijo sobre sí: «Yo soy la luz del mundo. El que me sigue no andará en tinieblas, sino que tendrá la luz de la vida» (Juan 8:12). Para andar en la luz debemos establecer una relación personal con Cristo. En la medida en que esta relación se profundice mediante la comunión íntima con Cristo, crecerá nuestra convicción de que somos amados, valiosos y competentes.

2. *La Palabra de Dios, la Biblia, otra fuente de luz*. El Rey David escribió: «Tu palabra es una lámpara a mis pies; es una luz en mi sendero» (Salmo 119:105). Cuanto más abrimos nuestras mentes y corazones a la Palabra de Dios, más luz disfrutamos. A la luz de la Palabra de Dios, percibimos que Dios nos ama, nos valora y nos hace competentes. Los cristianos que no estudian y experimentan las Escrituras en su diario vivir, no tienen suficiente luz.

3. *Otros creyentes también son fuente de luz*. El mismo que dijo «Yo soy la luz del mundo», también les dijo a sus seguidores: «Ustedes son la luz del mundo» (Mateo 5:14). Cuando tenemos una relación con Cristo, la luz del mundo, resplandecemos. Cuando nos congregamos para reflejar la luz de Cristo y meditar juntos sobre la Palabra, crecemos en el conocimiento de que Dios nos ama, nos valora y nos hace competentes. Por este motivo, en particular, se nos enseña: «No dejemos de congregarnos, como acostumbran hacerlo algunos, sino animémonos unos a otros, y con mayor razón ahora que vemos que aquel día se acerca» (Hebreos 10:25). Necesitamos mantener relaciones recíprocas con otros creyentes para que la luz de Dios dé de lleno en nuestras vidas y nos revele nuestra verdadera identidad.

¿CUÁNTA EXPOSICIÓN A LA LUZ HAS TENIDO?

Algunas preguntas cruciales nos permitirán descubrir por qué, algunas veces, vivimos como si no supiéramos que somos hijos de Dios, amados, valiosos y competentes. Considera las siguientes circunstancias:

La luz en tu hogar durante la infancia

¿Eran creyentes tus padres y otros adultos importantes en tu vida? Si fue así, ¿eran modelos de una relación de amor con Jesucristo o su «religión» era un conjunto de reglas, prohibiciones y culpa? Si su religión se limitaba a esto último, tú no recibiste una verdadera imagen de cómo te mira Dios. Puedes haber crecido creyendo que Dios era un ogro mandón, siempre pronto a castigarte si no obedecías. Puedes haber crecido pensando que el amor de Dios había que ganárselo. Puedes haber entendido que tu valor dependía de tu comportamiento, y no de tu valor intrínseco para Dios.

¿Resplandecía la luz de la Palabra de Dios en tu hogar? ¿Tus padres, tus abuelos y otros parientes cercanos leían y honraban la Biblia? ¿Te leían la Biblia y otras historias afines a la Biblia cuando eras un niño? ¿Había momentos de devoción para estudiar la Biblia y hacer comentarios de acuerdo a tu comprensión? ¿Conversaban, en tu hogar, acerca de las historias y los conceptos bíblicos? Si creciste en un ambiente positivo de interacción y aplicación de las Escrituras, tu vida recibió una exposición a la luz. Pero si la Biblia estaba ausente en la vida de tus familiares y durante tu desarrollo, la consecuente oscuridad puede haber contribuido a tu confusión actual sobre lo que eres en Cristo.

En el retrato que Dios tiene de ti, apareces como una persona amada, valiosa y competente.

¿Concurrías a la iglesia cuando eras un niño y un adolescente? ¿Se enseñaba y se practicaba la verdad de las Escrituras en la vida de tu iglesia? ¿Tu familia te animaba a participar en actividades con otros cristianos de tu edad, como Escuela Dominical, escuela bíblica de vacaciones, clubes bíblicos, reuniones de jóvenes y otros eventos? En la medida en que podías reunirte con otros cristianos para la comunión y el estudio, estabas más expuesto a la luz de Dios. Si no participabas de las actividades de la iglesia y de otros grupos cristianos, esta falta de luz puede haber limitado tu sentido de identidad.

La luz en tu cultura

Creo que la sociedad ha pasado de la era postcristiana, como llamó el fallecido Dr. Francis Schaeffer a la década de los setenta y los ochenta, a la era anticristiana. Hace una generación, la sociedad sencillamente prescindía de los cristianos. «Dedíquense a sus asuntos religiosos si les resultan», decía el mundo, «pero no pretendan que nosotros les sigamos la corriente.» En la actualidad, el mundo es más hostil hacia nosotros y los valores absolutos de las Escrituras. «¿Cómo pretenden imponer sus valores en la sociedad?», se nos increpa. «Elegir lo que está bien y lo que está mal es una decisión personal, no es una decisión social ni tampoco una decisión de la iglesia.»

Si te criaste en un entorno muy influenciado por la apatía o por el antagonismo hacia Dios, la Biblia y el cristianismo, las densas sombras de la cultura anticristiana impidieron el paso de la luz en tu vida. Nuestra cultura, en lugar de visualizar a la humanidad como divinamente amada, valiosa y competente, ha dirigido su enfoque a la virtud humana y sus logros. Este marco cultural tan ensombrecido, no contribuyó muy positivamente a tu verdadera identidad.

¿Cómo oculta la luz nuestra cultura? Una de las formas principales en que la cultura ciega a las personas para ver la verdad es a través de los medios de comunicación. Los mensajes imperantes en nuestra cultura conviven con nosotros como animales domésticos. Entran constantemente en nuestros hogares a través de los programas de televisión que miramos y los sitios de Internet que consultamos declarando: Dios es un par de muletas para los débiles; Jesucristo no fue más que un buen moralista; la Biblia no es infalible ni inspirada; los absolutos morales son obsoletos.

La luz transmitida por tus iguales
¿Con qué clase de personas salías cuando eras un niño y un adolescente? ¿Qué pensaban tus amistades, tus compañeros de dormitorio y tus iguales, acerca de Jesucristo, la Biblia y los cristianos?

En una encuesta nacional de jóvenes cristianos, solicitamos a más de 3.700 jóvenes que concurrían a la iglesia que hicieran una lista de prioridades para su futuro. De una lista de quince condiciones positivas, las tres primeras fueron: (1) «una pareja matrimonial para toda la vida»; (2) «buena salud física»; (3) «amistades íntimas y personales».[1] Nuestros iguales influyen considerablemente en la visión que tenemos de nosotros mismos porque todos queremos, y necesitamos, amistades íntimas y personales.

La presión del grupo, por ejemplo, suele interpretarse mal. Algunos piensan que la tentación de tomar alcohol o consumir drogas se debe a que la persona desea el alcohol o las drogas, y que la presión del grupo es tan solo un vehículo para consumir la tentación. Pero la atracción hacia una actividad o conducta impropia no se debe, en la gran mayoría de los casos, a la tentación que ejercen los actos en sí, sino al deseo íntimo de ser *aceptado* por los demás integrantes del grupo. Lo que queremos que nuestros amigos piensen de nosotros es una motivación muy fuerte en cada uno. En la medida en que tus compañeros de la infancia estaban en la oscuridad con respecto a la idea de Dios sobre la identidad, es posible que hayan velado la luz para tu entendimiento.

En el retrato que Dios tiene de ti, apareces como una persona amada, valiosa y competente. Si no puedes mirar ese retrato con nitidez, es posible que el foco de la verdad de Dios esté atenuado o cubierto. Cuando permitas que la luz de la persona de Jesucristo, la Biblia y otros cristianos resplandezca en tu retrato, podrás comenzar a mirarte como Dios te creó.

---

[1] Josh McDowell y Bob Hostetler, *Right From Wrong* [El bien y el mal], Word, Nashville, TN, 1994, p. 261.

Para tener una idea lúcida de tu identidad

En primer lugar, para comprender quién eres debes entender quién es Dios y conocer lo que siente por ti. Reflexiona sobre las siguientes verdades acerca de Dios. Tómate un tiempo para escribir tus respuestas a las preguntas en un cuaderno o en un diario.

1. *Dios es luz.* Leemos en 1 Juan 1:5: «Dios es luz y en él no hay ninguna oscuridad.»
   - ¿Qué significa que Dios sea la luz?
   - ¿Qué significa que Dios quiere que seas luz (Efesios 5:8)?

2. *Dios es bueno.* Leemos en Salmo 145:8: «El SEÑOR es clemente y compasivo.»
   - ¿Qué significa que Dios sea compasivo?
   - ¿Qué significa que este Dios compasivo *te haya elegido* para ser su hijo?

En segundo lugar, para comprender quién eres necesitas escuchar lo que Dios dice que *eres*. Escucha la voz de Dios hablándote:

1. Dios dice: «*Eres la luz del mundo*». Leemos en Mateo 5:14: «Ustedes son la luz del mundo. Una ciudad en lo alto de una colina no puede esconderse.»
   - Toma este versículo y hazlo tuyo: «Soy una de las luces que Dios tiene en el mundo.»
   - ¿Qué significa que Dios confíe en ti para que seas una luz que todos puedan mirar?
   - ¿Puedes comprender lo que Dios siente por ti cuando te valora tanto que te ha hecho uno de sus representantes en el mundo?

2. Dios dice: «*Eres hijo de la luz*». Leemos en 1 Tesalonicenses 5:5: «Todos ustedes son hijos de la luz y del día. No somos de la noche ni de la oscuridad.»

- Toma este versículo y hazlo tuyo: «Dios me ha hecho hijo del día. Ya no necesito vivir en la oscuridad.»
- ¿Qué significa que Dios te haya hecho hijo de la luz?
- ¿Puedes comprender lo que Dios siente por ti cuando llena tu vida de luz porque él es luz?

Tómate tiempo para agradecerle a Dios lo que te ha revelado acerca de su persona. Escúchalo mientras habla a tu corazón en el transcurso de los próximos días y semanas. Deja que estas verdades de las Escrituras obren en lo profundo de tu corazón e identidad.

CAPÍTULO 4

Las necesidades insatisfechas afectan tu identidad

Tu vida debe haber recibido luz de tres fuentes: Jesús, la Biblia y los cristianos; de lo contrario, vas a tener muchas necesidades insatisfechas. Si no satisfaces estas necesidades, ellas pueden desvirtuar tu sentido de identidad. Tomemos como ejemplo la experiencia de Joanna:

Joanna, una atractiva mujer cristiana, hablaba de sí con estas palabras: «Me siento peor que una lombriz. Una lombriz puede arrastrarse por debajo de la tierra y esconderse sin dejar huella. Me parezco, más bien, a una babosa en el patio. Vayan donde vayan, dejan esa horrible huella detrás. Me parezco a ellas: dondequiera que voy lo arruino todo.» ¡Qué triste descripción de la vida de un creyente!

Joanna desconoce su verdadera identidad. No es ni una lombriz ni una babosa. Comete errores, como cualquiera de nosotros, pero de ningún modo «lo arruina todo» dondequiera que vaya.

Ella tiene muchas necesidades insatisfechas en su vida y, como resultado, tiene un sentido desvirtuado de su verdadera identidad. Esta identidad imperfecta la sujeta a su depresión, su autocondenación y su angustia; y, prácticamente, anula su crecimiento y su testimonio cristiano.

Los resultados son patéticos cuando la verdadera identidad de un creyente como hijo de Dios, amado, valioso y competente, apenas se vislumbra por falta de luz. En términos generales, estas personas suelen ser desconfiadas y tener una visión pesimista del mundo y de su capacidad para enfrentar los desafíos. Perciben las situaciones nuevas o inesperadas como amenazas a su felicidad y seguridad. Sienten que el mundo se les viene encima, las sofoca y las aplasta. Todas sus dificultades parecen derivar de su fracaso como personas.

Las personas con una identidad confusa soportan lo que la vida les depara; no la enfrentan ni procuran cambiarla. Se consideran víctimas de condiciones desfavorables.

Por el contrario, las personas que caminan a la luz, porque saben que Dios las ama, las valora y las ha preparado, piensan que el mundo es un desafío a ser enfrentado: una oportunidad para poner en práctica su confianza en Cristo. Saben que, por la gracia y el poder de Dios en sus vidas, pueden cambiar las circunstancias para su bien; saben que su destino está en cómo Dios las puede utilizar; saben que pueden y que lograrán grandes cosas para la eternidad, incluso en medio de las dificultades.

Un sentido de identidad deformado también afecta las relaciones. Como viven a la defensiva, las personas con un sentido imperfecto de identidad interpretan los mensajes y las motivaciones ajenas desde la óptica del autorretrato impreciso que tienen de sí. Por ejemplo, a Joanna le cuesta mucho aceptar los elogios y cumplidos de los demás. Desde su punto de vista, una babosa no puede ser linda, solícita o generosa. Su razonamiento es el siguiente: «¿Cómo puedo confiar en alguien que tenga ese concepto tan equivocado de mí?» Hasta que su autorretrato no se transforme, Joanna desconfiará de cualquier persona que intente ayudarla, no importa cuán sincera o bien intencionada esta sea.

Bajo la sombra de necesidades insatisfechas

¿Por qué hay tantas personas que, como Joanna, llegan a tener una perspectiva tan imperfecta de su identidad? Creo que está en relación directa con la cantidad de luz divina filtrada en sus vidas. La luz de Dios resplandece en las personas que mantienen una relación íntima y permanente con Cristo, su Palabra y su pueblo. Las personas que desarrollan esta relación ven satisfechas sus necesidades espirituales, emocionales y sociales, y adquieren una perspectiva más clara de su verdadera identidad como hijos de Dios, amados, valiosos y competentes.

Es triste, sin embargo, que Joanna y muchas otras personas tan afligidas como ella padezcan tales necesidades, que ensombrecen la luz y les impide mirarse como las mira Dios. Estas personas necesitadas podrán comprender su verdadera identidad siempre y cuando permitan que Jesús, su Palabra y otros cristianos satisfagan sus necesidades.

LAS NECESIDADES MÁS IMPORTANTES

¿Cuáles son las necesidades insatisfechas que pueden ensombrecer nuestros autorretratos? Si bien podríamos hacer una lista muy larga, analizaremos las diez principales necesidades emocionales. Esta lista fue confeccionada gracias a la investigación y labor de David Ferguson, director del movimiento Ministerios para la Intimidad (Intimate Life Ministries), con sede en Austin, Tejas. David y su esposa, Teresa, han ayudado a miles de creyentes a descubrir su verdadera identidad como hijos de Dios (en el Apéndice podrás encontrar más información acerca de su ministerio).

En su libro, The Great Commandment Principle [El principio del gran mandamiento], David Ferguson identifica diez necesidades humanas esenciales según las Escrituras. Estas deben ser satisfechas antes de poder experimentar una relación íntima con Dios y con los demás.[1] Las personas con estas necesidades se sienten solas, y el sentido de su verdadera identidad está debilitado. Todos necesitamos:

1. Atención
2. Aceptación
3. Aprecio

---

[1] Esta lista y explicación ha sido adaptada de David Ferguson, The Great Commandment Principle [El principio del gran mandamiento], Tyndale House Publishers, Wheaton, IL, 1998, pp.44-52.

4. Apoyo
5. Aliento
6. Afecto
7. Respeto
8. Seguridad
9. Consuelo
10. Aprobación

En un intento por ayudarte a comprender cuáles son tus necesidades básicas, analicemos cada una más detenidamente.

1. *Atención.* Nuestra necesidad de atención significa que necesitamos que las personas se acuerden de nosotros y nos hagan conocer su preocupación, interés, consideración y apoyo. Cuando nos interesamos los unos por los otros, experimentamos la Palabra de Dios como lo expresa 1 Corintios 12:25: «A fin de que no haya división en el cuerpo, sino que sus miembros se preocupen por igual unos por otros.» La atención afirma: «Entraré en tu mundo y conoceré tu situación porque me preocupo por ti.»

2. *Aceptación.* Nuestra necesidad de aceptación significa que necesitamos que las personas nos acepten con gusto, que nos tengan en buena consideración aun en la discrepancia. Cuando nos aceptamos mutuamente, estamos siguiendo el mandato bíblico expresado en Romanos 15:7: «Por tanto, acéptense mutuamente, así como Cristo los aceptó a ustedes para gloria de Dios.» La aceptación afirma: «Aunque no cambies en lo más mínimo, de todos modos te amaré, así como eres.»

3. *Aprecio.* Nuestra necesidad de aprecio significa que necesitamos que las personas no solo reconozcan lo que somos y lo que hemos hecho, sino que nos expresen su gratitud, de palabra y sentimiento. Cuando nos apreciamos unos a otros, estamos siguiendo el modelo bíblico de 1 Corintios 11:2: «Los elogio porque se acuerdan de mí en todo y retienen las enseñanzas, tal como se las transmití.» El aprecio afirma: «Gracias por haberte acordado de mí. Muchas gracias por haberme llamado.»

4. *Apoyo.* Nuestra necesidad de apoyo significa que

necesitamos que otras personas se nos acerquen y, con delicadeza, nos ayuden a enfrentar los problemas y soportar las dificultades. Cuando nos apoyamos unos a otros, experimentamos Gálatas 6:2: «Ayúdense unos a otros a llevar sus cargas, y así cumplirán la ley de Cristo.» El apoyo afirma: «Me parece que te vendría bien si te diera una mano. Permíteme que te ayude a llevar parte de tu carga.»

5. *Aliento.* Nuestra necesidad de aliento significa que necesitamos que las personas no solo nos estimulen a seguir adelante sino que nos infundan coraje, ánimo y esperanza. Cuando nos alentamos unos a otros, estamos siguiendo el mandato bíblico expresado en 1 Tesalonicenses 5:11: «Por eso, anímense y edifíquense unos a otros, tal como lo vienen haciendo.» El aliento afirma: «Tu dedicación a este proyecto beneficiará a muchas personas. Sé que tendrás éxito.»

6. *Afecto.* Nuestra necesidad de afecto significa que necesitamos personas que nos transmitan su preocupación y proximidad con gestos cariñosos y palabras de estímulo. Cuando expresamos el afecto unos a otros, estamos experimentando Romanos 16:16: «Salúdense unos a otros con un beso santo.» El afecto pone la mano sobre el hombro de una persona y le dice: «Estoy muy feliz de que te encuentres aquí hoy.»

7. *Respeto.* Nuestra necesidad de respeto significa que necesitamos que los demás nos aprecien, reconozcan nuestra valía y nos estimen. Cuando nos respetamos unos a otros, estamos poniendo en práctica 1 Pedro 2:17: «Den a todos el debido respeto: amen a los hermanos, teman a Dios, respeten al rey». El respeto afirma: «Necesito tus aportes con respecto a este asunto, porque tus ideas son muy valiosas.»

8. *Seguridad.* Nuestra necesidad de seguridad significa que necesitamos que otras personas nos protejan del peligro, las privaciones y las relaciones dañinas. Cuando nos brindamos seguridad unos a otros, estamos siendo fieles al deseo expresado en el Salmo 122:6-8: «Que vivan en paz los que te aman. Que haya paz dentro de tus murallas, seguridad en tus fortalezas... ¡Deseo que tengas

paz!» La seguridad afirma: «Tengo un compromiso contigo, y si Dios quiere y lo permite, te proveeré de lo necesario, ahora y en el futuro.»

9. *Consuelo*. Nuestra necesidad de consuelo significa que necesitamos personas que además de ayudarnos a sobrellevar la congoja y la pena, nos den fuerza y esperanza para seguir adelante. Cuando nos consolamos mutuamente, estamos experimentando 2 Corintios 1:3-4: «Alabado sea el Dios y Padre de nuestro Señor Jesucristo, Padre misericordioso y Dios de toda consolación, quien nos consuela en todas nuestras tribulaciones para que con el mismo consuelo que de Dios hemos recibido, también nosotros podamos consolar a todos los que sufren.» El consuelo afirma: «Siento mucho que tu hija se haya divorciado. Debe ser duro para ti, pero ten presente que voy a orar por ti y que estaré a tu disposición siempre que quieras conversar y para lo que necesites durante los próximos meses.»

10. *Aprobación*. Nuestra necesidad de aprobación significa que necesitamos personas que tengan una opinión favorable de nosotros y que nos digan que estamos haciendo las cosas bien. Cuando nos elogiamos unos a otros, estamos cumpliendo el modelo bíblico expresado en Romanos 14:18: «El que de esta manera sirve a Cristo, agrada a Dios y es aprobado por sus semejantes.» La aprobación afirma: «Estoy contento contigo.»

Dios no solo nos ha creado con estas necesidades; quiere, también, facilitarnos los medios para satisfacerlas: tanto a través de él como por medio de otras personas. Cuando Dios hubo acabado de crear al primer ser humano, Adán, después de haberlo colocado en la perfección del jardín de Edén, el Creador declaró: «No es bueno que el hombre esté solo. Voy a hacerle una ayuda adecuada» (Génesis 2:18). Vemos que Dios procura involucrar a otras personas para acabar con la falta de compañía de Adán. Según el plan de Dios, para terminar con nuestra soledad él puede intervenir directamente y valerse también de otras personas como el cónyuge u otros familiares y la iglesia.

En la oscuridad: sin saber que Dios nos ama

Kendall asiste, casi todas las semanas, a las reuniones de un numeroso grupo de estudio bíblico para solteros, pero la mayoría de las personas a su alrededor ni siquiera saben que está ahí. Llega justo en hora, se sienta solo y se retira apenas concluye la oración final. Cuando alguien trata de integrarlo a una conversación, se siente incómodo y habla muy poco sobre sí mismo.

Alvin, uno de los líderes del grupo, se fijó en él y decidió hacerse su amigo. Durante varias semanas, Alvin buscaba a Kendall después del estudio bíblico para saludarlo. Finalmente, lo convenció para que almorzaran juntos. Después de varios almuerzos y desayunos, Kendall comenzó a darse a conocer a su nuevo y perseverante amigo.

Se sienten tan poco aceptados que son insensibles al amor de Dios y de los demás.

—Es imposible que Dios me ame —le dijo un día—. Solo me soporta porque he aceptado a Cristo como mi Salvador. Me perdona los pecados porque los confieso y, de acuerdo con 1 Juan 1:9, me tiene que perdonar. Pero Dios nunca me amará como a un hijo. Sé lo que he hecho. Posiblemente en el cielo sea diferente pero, mientras tanto, apenas puedo sentirme dichoso de ser salvo.

Alvin, muy sabiamente, no respondió a esta confesión disparándole versículos de la Biblia sobre el amor de Dios. Por el contrario, con delicadeza averiguó la historia de Kendall. Así supo que se había criado en un hogar no cristiano. Su padre pasaba muchas semanas lejos de su hogar por viajes de negocios. Cuando regresaba, su madre le informaba de todas las veces que Kendall se había portado mal durante su ausencia. El padre lo castigaba con el cinto de acuerdo a su mal comportamiento y le advertía que se comportara bien durante su próximo viaje. No recordaba que su padre lo hubiera acariciado alguna vez con ternura o que le hubiera dicho que lo amaba.

¿Cómo pueden las personas como Kendall considerarse objeto del amor incondicional de Dios? Se sienten tan poco aceptadas que son insensibles al amor de Dios y de los demás. Como nunca recibieron el amor de quienes más deseaban que los amaron, han llegado a la conclusión lógica de que nadie las puede amar. No solo proyectan esta percepción en los demás y en Dios, sino que, de manera subconsciente, comunican el siguiente mensaje: «No se acerquen demasiado a mí, porque nadie sería capaz de amarme.»

Si nuestras propias necesidades de amor no fueron satisfechas, tendremos dificultad para creer que Dios puede amarnos.

1. *Afecto.* Las personas creen que nadie las ama cuando no reciben el *afecto* que necesitan. Como Kendall, muchos hombres y mujeres crecieron extrañando los abrazos, besos, caricias y gestos cariñosos de sus progenitores, en especial los del padre. Cuando carecen de afecto, tan necesario e instituido por Dios, las personas procuran suplir esa falta como mejor pueden. Por lo general, acaban en conductas inadecuadas y potencialmente peligrosas.

Una respuesta es mantener alejados a Dios y a los demás. Esa fue la respuesta de Kendall, la que dificultó tanto los intentos de Alvin por ser su amigo. El permanecer distante le permitía olvidarse de que nadie lo quería. Al mantenerse distante, Kendall no podía ejercer sus dones espirituales y ayudar a los demás. Como miembro del cuerpo de Cristo no producía fruto. Como le costaba tanto expresar afecto, transmitía su falta de amor a los demás.

Otro síntoma de la falta de afecto se manifiesta en la conducta contraria al retraimiento. Algunas personas se aferran a sus relaciones, celosamente exigen tiempo y afecto de sus amigos y parientes. Otras, buscan afecto en relaciones sexuales promiscuas o en la pornografía y la autosatisfacción. Después de varios meses de reunirse con Alvin, Kendall le confió que su hambre de afecto lo había vuelto adicto a la pornografía y a la masturbación.

2. *Aceptación.* Las personas creen que nadie las ama cuando

no tienen la *aceptación* que necesitan. Kendall se crió creyendo que su padre estaba solo interesado en el niño que *podría ser* si se comportaba mejor y no en el niño que *era*. Las personas que no se sienten aceptadas procuran ser alguien o algo que no son, en lugar de distenderse y disfrutar siendo quienes son. ¿Por qué? Porque creen que nadie las ama por lo que son. Pueden también querer sentirse aceptadas por Dios y, como resultado, intentan ganar su aceptación mediante buenas obras religiosas.

3. *Aprobación*. Las personas creen que nadie las ama cuando no reciben la debida *aprobación*. Antes de que Jesús predicara su primer sermón e hiciera su primer milagro, Dios el Padre, afirmó: «Tú eres mi Hijo amado; estoy muy complacido contigo» (Marcos 1:11). Todos necesitamos saber que contamos con la aprobación afectuosa de alguien, independiente de lo que logremos o hagamos. Los niños necesitan sentir la aprobación de sus padres, saquen o no la máxima calificación, hagan o no un gol en el partido, jueguen bien o mal al béisbol. El padre de Kendall solo le prestaba atención cuando hacía algo malo. Esta falta de aprobación dejó a Kendall con el sentimiento de que nadie lo quería.

Las personas que sienten la desaprobación son proclives a dejarse tratar como una «alfombra». Son capaces de hacer cualquier cosa que alguien les pida para ganar su aprobación. Muchas adolescentes ceden a las pretensiones sexuales de los varones porque sienten que es una manera de conseguir la aprobación que no tuvieron de sus padres. La necesidad insatisfecha de aprobación hace que algunos creyentes tengan conductas rígidas y legalistas. Están convencidos de que deben concurrir a todos los cultos, orar más y más fuerte, ofrendar más para las misiones, y aceptar más responsabilidades en la iglesia para obtener la aprobación que buscan.

4. *Respeto*. Las personas creen que nadie las ama cuando no reciben el *respeto* que merecen. Todos necesitamos sentirnos importantes: sentir que nuestra personalidad, nuestros dones y nuestros aportes son necesarios. Kendall se crió sintiendo que su papel en la vida era darle a su padre una excusa para desahogar su rabia.

El principal síntoma de una necesidad de respeto insatisfecha es la falta de autoestima. Cuando creemos que los demás no nos aprecian, nos consideramos insignificantes. Una baja autoestima se manifiesta en la falta de cuidado en la apariencia, la higiene y la salud. El sentimiento de que nadie la aprecia puede llevar a una persona a la falta de respeto por las leyes, por los mandamientos bíblicos, por otras personas y por la dignidad de la vida humana, aun la propia vida.

Alvin se reunió paciente y constantemente con Kendall durante algunos meses. Por fin, el líder lo convenció para que participara de un grupo de ayuda para solteros que había en la iglesia. Los ocho solteros y solteras del grupo se preocuparon con cariño por él. A medida que sus amigos lo aceptaron y le brindaron el afecto, la aprobación y el respeto que había reclamado por tanto tiempo, la percepción de su identidad se transformó. Había *escuchado* a las Escrituras hablar del amor de Dios desde su niñez; pero solo cuando, gracias al interés de sus amigos, *experimentó* ese amor, la luz de Dios brilló con más intensidad en su alma, revelándole que Dios lo amaba. En menos de dos años, Kendall integraba el equipo de líderes y se afanaba por servir a otros de la misma forma que Alvin lo había ayudado a él.

En la oscuridad: sin saber que Dios nos valora

Katrina estaba destinada a ser modelo y actriz desde antes de nacer. Cuando tenía seis meses, Joyce, su madre soltera, se mudó a Los Ángeles y la inscribió en una agencia de modelos para realizar anuncios comerciales de productos para bebés. La infancia de la niña transcurrió sujeta a un horario estricto de clases para aprender a modelar, certámenes de belleza, clases de baile y actuación, pruebas para avisos comerciales y apariciones esporádicas en programas televisivos. Joyce supervisaba personalmente la dieta estricta y el plan de ejercicios de Katrina para asegurarse de que resplandeciera de salud y vitalidad. Tenía la firme determinación de hacer de su hija una estrella de Hollywood.

LAS NECESIDADES INSATISFECHAS AFECTAN TU IDENTIDAD

La noche de su graduación de una escuela elitista de Los Ángeles, Katrina desapareció. Terminada la ceremonia, se despidió de su madre para ir a festejar, supuestamente, con el resto de sus compañeros de estudio en un club de campo. Katrina no regresó a su casa a la mañana siguiente. Meses más tarde, la encontraron en un albergue para adolescentes sin techo en Baltimore, sucia y marcada por la calle para toda su vida.

Joyce pagó el vuelo de regreso a casa.

—¡Mírate el pelo, la piel! —gritó Joyce cuando se encontraron—. Arruinaste tu vida.

—No, mamá —le replicó Katrina, enojada—. Arruiné *tu* vida. Nunca había tenido una vida hasta que me fui de casa. Me robaste la niñez. Me convertiste en una muñeca «Barbie» para divertirte. Era tu hija solo cuando posaba o actuaba. Bueno, tu «Barbie» creció, mamá, y ya no puedes jugar más conmigo.

Katrina se quedó en Los Ángeles y consiguió un trabajo como camarera. Una ex compañera de clase la invitó, y comenzó a concurrir a una pequeña iglesia. Si bien los miembros de la iglesia no conocían su pasado, al principio Katrina tuvo dificultad para aceptar la calidez de su hospitalidad. También dudaba de Dios: pensaba que no podría querer a alguien como ella, por todo lo que había hecho. Su valía como persona había estado ligada a su apariencia y a su desempeño por demasiado tiempo.

Muchas personas llegan a la edad adulta con un sentido confuso de su valor para Dios y para los demás. Los padres, junto con otros adultos significativos, suelen valorar a los niños según su desempeño, en lugar de hacerlo por su valor innato como seres a quienes Dios compró al más alto precio: el de su Hijo. Estos niños cargan con un autorretrato imperfecto a través de los años, hasta que son adultos; sienten que Dios solo se fija en ellos cuando son activos. Las personas que creen que no valen nada quedan estancadas en conductas derrotistas si nadie satisface sus necesidades básicas.

1. *Atención.* Las personas sienten que nadie las valora cuando no reciben la *atención* que necesitan. Para mostrar atención a los

demás debemos ingresar en su mundo, interesarnos en las cosas que les interesan. Un niño pequeño recibe la atención de sus padres cuando su mamá y su papá se sientan en el piso y juegan con él a lo que el niño quiere jugar. Katrina no recibía la atención que necesitaba de su madre cuando Joyce la obligaba a entrar al mundo adulto de los desfiles de modelos y la actuación. Para su madre, el único valor de Katrina eran sus éxitos en los certámenes y los trabajos como modelo.

Las personas ávidas de atención muchas veces no tienen confianza en su habilidad social. La presión por desempeñarse bien es tan fuerte que no pueden disfrutar las relaciones. Compiten por la atención con los amigos, los colegas y hasta los extraños. Necesitan estar rodeadas de gente para compararse y saber que valen; suelen sentirse ansiosas y temerosas cuando están solas.

2. *Seguridad*. Las personas pueden sentir que nadie las valora cuando no reciben la *seguridad* que necesitan. Las personas inseguras necesitan tener posesiones materiales a montones para sentirse seguras. Y aunque tengan bastante estructura y control externo en sus vidas para sentirse seguras, de todos modos, son pesimistas con respecto al futuro, y siempre esperan lo peor.

3. *Consuelo*. Las personas pueden sentir que nadie las valora cuando no reciben el *consuelo* que necesitan. Dios nos ha recetado el cariño y el consuelo de los demás (lee Mateo 5:4; 2 Corintios 1:3-4) para sanar nuestras heridas emocionales o de relación. Las personas que padecen las angustias de la vida en soledad, sienten que nadie las considera muy importantes, porque nadie se fija en su dolor ni les brinda el consuelo que necesitan. Por eso, estas personas afligidas levantan barreras entre sí y los demás para protegerse. Hasta pueden llegar a considerar a sus parientes y amigos como amenazas a su tranquilidad y, en consecuencia, las relaciones se tensan en vez de estrecharse.

Katrina todavía se esfuerza por entender por qué Dios y los demás la valoran. De todos modos, está cultivando sus relaciones con algunas mujeres jóvenes y dedicadas de la iglesia. Ellas se interesan en lo que Katrina es, no en lo que fue o lo que consiguió.

Dos de estas mujeres conocen las dificultades que ella tiene con su madre; han llorado juntas y la han consolado. Por primera vez en su vida, Katrina se siente valorada como persona. Sus nuevas amigas esperan que, pronto, entregue su corazón a Cristo.

En la oscuridad: sin saber que somos competentes para Dios

Nadie que conozca los antecedentes familiares de Joanna puede sorprenderse de que se sienta como una babosa que lo arruina todo dondequiera que va. Su padrastro, Buck, era un hombre muy trabajador que cumplía con sus obligaciones con Joanna y su madre. Ella apenas recuerda a su verdadero padre, que murió cuando tenía dos años. Buck era, sin embargo, un perfeccionista exigente que impulsaba a Joanna a ser lo mejor en todo lo que emprendiera. Para motivarla, su método preferido era la humillación. Si no se esforzaba a más no poder, Buck estaba encima de ella. La llamaba Chambona, Cabeza Hueca, Tonta, Torpe. Cuanto más la provocaba, más rendida se sentía Joanna de tanto esfuerzo y más se equivocaba.

Al llegar a la edad adulta, Joanna tenía una idea grabada a fuego en su subconsciente: «No puedo hacer nada bien.» La presión por tener éxito la aturdía tanto que no pudo mantener sus primeros dos empleos. Ha trabajado durante diez años en un empleo poco estresante y con una baja remuneración, pero su desempeño deja mucho que desear.

La nube de impotencia que se cierne sobre ella obedece a necesidades no satisfechas muy evidentes:

1. *Aliento.* Las personas pueden sentirse incompetentes si no reciben el *aliento* que necesitan. Un ambiente de crítica, culpa y humillación desanima, destruye la confianza en uno mismo, y acaba con la motivación. Cuando las personas se sienten incompetentes, asumen una actitud defensiva en su forma de actuar y de hablar. «Sabía que no iba a resultar. Nada de lo que hago resulta» se quejan. «No sé por qué me molesto en intentarlo si destruyo todo

lo que toco.» Debemos alentar a las personas para que no desarrollen una perspectiva pesimista de la vida.

2. *Apoyo*. Las personas pueden sentirse incompetentes si no reciben el *apoyo* que necesitan. Todos necesitamos un compañero con quién compartir las cargas de la vida, alguien que nos acompañe y nos ayude con las tareas difíciles o las pruebas. Buck, en vez de brindar el apoyo que Joanna necesitaba, dejaba que se las arreglara sola. Como no podía cumplir con las exigencias de su padrastro, ella se enfrentaba con tales sentimientos de desesperanza que menoscababan sus intentos de tener éxito.

3. *Aprecio*. Las personas pueden sentirse incompetentes si no reciben el *aprecio* que necesitan. Nadie es ciento por ciento competente. Algunas personas se esfuerzan mucho para completar sus tareas y obtienen magros resultados. Pero todos podemos ser apreciados por algo: por el esfuerzo, la buena disposición para ayudar, una actitud positiva, la constancia frente a la adversidad, o las ganas de intentarlo. Las personas que, como Joanna, no son apreciadas descubren que ni siquiera sus éxitos son suficientes para cambiar la etiqueta que han adoptado, como considerarse una babosa que arruina todo en todos lados.

¿Te llamó la atención alguna de las diez necesidades mencionadas en este capítulo? ¿Cuáles necesidades no fueron satisfechas en tu infancia y juventud? ¿Puedes identificar los síntomas resultantes de necesidades insatisfechas que obstaculizan la perspectiva de tu verdadera identidad como hijo de Dios, amado, valioso y competente?

Un problema planteado es un problema en vías de solución. Ahora sabes cuáles aspectos de tu identidad necesitan la luz de Dios. Es un paso importante en la dirección de transformar tu autorretrato interno. En los siguientes capítulos analizaremos cómo progresar en esa transformación. En tal sentido, es importante que comprendas algunos otros factores que te llevaron a tener la concepción actual e imperfecta de tu persona.

Para tener una idea lúcida de tu identidad

En primer lugar, para comprender quién eres debes entender quién es Dios y conocer lo que siente por ti. Reflexiona sobre las siguientes verdades acerca de Dios. Tómate un tiempo para escribir tus respuestas a las preguntas en un cuaderno o en un diario.

1. *Dios es compasivo.* Leemos en el Salmo 86:15: «Pero tú, Señor, eres Dios clemente y compasivo, lento para la ira, y grande en amor y verdad.»
   - ¿Qué significa que Dios sea compasivo?
   - ¿Cómo has sentido la compasión de Dios en tu vida?

2. *Dios es bueno.* Leemos en Oseas 2:20: «Te daré como dote mi fidelidad, y entonces conocerás al SEÑOR.»
   - ¿Qué significa que Dios te sea fiel?
   - ¿Qué significa que el Dios fiel te haya hecho su hijo?

En segundo lugar, para comprender quién eres necesitas prestar atención a lo que Dios dice que *eres*. Escucha la voz de Dios hablándote:

1. *Dios dice: «Tienes seguridad».* Leemos en Filipenses 4:19: «Así que mi Dios les proveerá de todo lo que necesiten, conforme a las gloriosas riquezas que tiene en Cristo Jesús.»
   - Toma este versículo y hazlo tuyo: «Puedo tener seguridad porque Dios me ha prometido proveerme de todo lo que necesite.»
   - ¿Qué significa que Dios te proveerá de todo lo que necesites?
   - ¿Puedes comprender lo que Dios siente por ti cuando pone a tu disposición las gloriosas riquezas que tiene para que nada te falte?

2. *Dios dice: «Te comprendo».* Leemos en Lucas 12:30-31: «El Padre sabe que ustedes necesitan [todas estas cosas].

Ustedes, por el contrario busquen el reino de Dios, y estas cosas les serán añadidas.»
- Toma este versículo y hazlo tuyo: «Dios, mi Padre, conoce todas mis necesidades. Si le permito ocupar el primer lugar en mi vida, él me dará todo lo que necesito.»
- ¿Qué significa que Dios no solo conoce tus necesidades sino que también las colmará?
- ¿Puedes comprender lo que Dios siente por ti cuando desea asegurarse de proveer tus necesidades?

Tómate un tiempo para agradecerle a Dios lo que te ha revelado acerca de su persona. Escúchalo mientras habla a tu corazón en el transcurso de los próximos días y semanas. Deja que estas verdades de las Escrituras obren en lo profundo de tu corazón y de tu identidad.

SEGUNDA PARTE

¿Quién te dijo quién eres?

CAPÍTULO 5

La influencia de la familia

¿De dónde proviene tu autorretrato interno? En realidad, no comenzó de ningún modo como un retrato. La percepción inicial de tu identidad tiene otros orígenes. Desde tu nacimiento, pasando por la niñez y la juventud, otras personas, por su trato y su conversación, han dejado su huella en determinados elementos de tu identidad. Si te querían y te mimaban como a un príncipe o a una princesa, es posible que hayas crecido creyendo que eras un rey o una reina. Si te criticaban todo el tiempo por tu incapacidad, puedes creer que eres una babosa que destruye todo a su paso. Con inocencia infantil, has aceptado el retrato que te transmitieron.

Pero, ¿es un buen retrato? No del todo. Además, para muchos de nosotros no tiene nada que ver con la realidad. Eres una persona imperfecta, criada por personas imperfectas. Tu retrato interno será correcto según la intensidad con que la luz de Dios haya iluminado tu entorno y moldeado tu vida por intermedio de las personas a tu alrededor. Si las influencias de tus primeros retratos afirmaban que Dios te había creado a su imagen y que su Hijo había muerto por ti, tuviste la bendición de crecer con un buen retrato. Por el contrario, si mientras crecías no había suficiente luz divina alumbrando tu verdadera identidad, estas circunstancias pueden haber desvirtuado tu sentido de identidad, como les sucedió a Kendall, Katrina y Joanna, los casos narrados en el capítulo cuatro.

Cuando entras en la juventud o te conviertes en un adulto maduro, es que puedes saber si has heredado un retrato que representa fielmente cómo Dios te mira. Solo entonces, cuando contemplas con claridad el cuadro heredado y comprendes cómo se hizo, puedes llevar a cabo la transformación de esa percepción.

Hay cuatro factores que configuraron la concepción de nuestra identidad durante la niñez:

1. La familia, incluyendo a los padres, los padrastros, los hermanos y hermanas mayores, los abuelos y otros parientes cercanos.
2. Otros adultos y amistades que tenían un papel importante en nuestra vida, como maestros, entrenadores, amigos íntimos y compañeros de estudios.
3. La cultura en la que nos criamos.
4. La educación y experiencias religiosas de la niñez y la juventud.

Si las influencias de tus primeros retratos afirmaban que Dios te creó a su imagen y que su Hijo murió por ti, tuviste la bendición de crecer con un buen retrato.

Para poder evaluar el impacto de cada uno de estos factores en tus primeras percepciones de identidad, debes preguntarte: «¿Cuánta luz emitían estos factores mientras mi sentido de identidad estaba en formación?» En este capítulo consideraremos el primer factor, la familia, y los restantes factores se considerarán en los siguientes capítulos.

TUS PADRES: DE LO IDEAL A LO REAL

¿Cuál es el plan ideal de Dios para desarrollar un sentido sano de identidad en la niñez? Las cosas no suceden por casualidad. El plan de Dios óptimo comienza con una familia cristiana: un hombre y una mujer plenamente consagrados a amar a Dios y amarse mutuamente como marido y mujer. Esta pareja se convierte, entonces, en el principal canal de luz divina para iluminar la verdadera identidad de sus hijos. En los primeros años del desarrollo infantil, los niños observan el ejemplo piadoso de sus padres, que les brindan cuidado y afecto, y asimilan la instrucción bíblica. Por consiguiente, los niños se perciben de cómo Dios los mira. En ese entorno, a los niños les resulta natural confiar en Cristo personalmente y comenzar a vivir su identidad como hijos de Dios.

Este escenario es, sin duda, el ideal. Mis circunstancias familiares distaban mucho de este ideal; quizá las tuyas también. Puedes haberte criado al lado de uno solo de tus padres, en una familia mixta con un padrastro o madrastra. Quizá te criaron tus abuelos, tus hermanos mayores u otros parientes o tutores. Los adultos que te criaron quizá no eran cristianos, pueden haber sido hasta crueles y haberte maltratado. Incluso si eran creyentes, pueden no haber comprendido bien o aun haberse despreocupado del papel que desempeñaban en la formación de tu sentido de identidad.

Como no elegiste ni a tus padres ni a tus tutores, no puedes ser responsable de cómo tu familia influenció tu sentido de identidad. Lo que sí debes comprender es que la diferencia que haya entre la manera de criarte y el plan ideal de Dios, habrá afectado la interpretación actual de tu identidad.

CÓMO FORMAN LOS PADRES TU AUTORRETRATO

Hayan sido quienes hayan sido tus figuras paternales, el concepto que tenían de ti dejó su impresión en tu tierna mente infantil. Te mirabas reflejado a la luz de las acciones y las actitudes que solían tener contigo. No hay ningún otro factor que haya incidido más en tu sentido de identidad primario que la atmósfera de tus relaciones familiares. Para transformar tu percepción de cómo te mira Dios, es vital que entiendas esa atmósfera.

Las influencias más importantes en la formación de la identidad de los niños parecen ser la ayuda y las actitudes, firmes y cotidianas, de los padres. Esas pequeñas experiencias, repetidas un sinfín de veces y ahora quizá olvidadas, pintaron tu primer retrato interior.

Conozco una joven pareja que, al poco de tiempo de mudarse a una nueva casa, estaban muy ocupados arreglando el jardín. Tenían unas veinte azaleas, así como otros arbustos, diseminadas en su jardín; la mujer comenzó a plantarlas. Su pequeña hija, de tres años, hacía rato que se entretenía sola en el jardín mientras su madre preparaba la tierra, cavaba los hoyos y plantaba los arbustos. La pequeña de tres años le rogaba con insistencia a su madre que jugara con ella.

—Tengo que terminar de plantar los arbustos —le contestaba su madre con impaciencia—. Podemos jugar más tarde.

Una mañana, la pequeña niña se aburría observando cómo su madre ponía toda su energía en el cuidado de las delicadas azaleas. Su madre ya le había advertido que no la molestara pidiéndole jugar. Pero la pequeña niña, sintiéndose abandonada, no pudo evitar pronunciar una pregunta inocente:

—Mamá, ¿me amas tanto como amas a tus flores?

La preocupación de su madre por el jardín transmitía un mensaje a la pequeña: «Mi mamá quiere más a sus flores que a mí.» Quizá la madre, inconscientemente, le daba prioridad también a otras actividades cotidianas en vez de prestarle a su hija la atención que ella reclamaba. Esta mujer negaría con vehemencia que prefería el cuidado de sus hermosas azaleas, cantar en el coro o mirar su programa favorito de televisión, más que a su hija. Pero siempre que, involuntariamente, anteponía otra actividad a las necesidades de su pequeña, el valor que asignaba a su hija quedaba grabado en la tierna mente infantil.

Los niños dependen de estas influencias para formarse una idea clara de quiénes son. Se miran, principalmente, a través de los ojos de sus padres y tutores. Si los padres les dicen que son malos, haraganes o tontos, los niños aceptarán esa evaluación y vivirán en conformidad con dicha interpretación.

Larry ha estado luchando contra una depresión profunda y falta de autoestima desde que tiene memoria. Tiene veintiséis años y todavía no ha decidido qué hacer con su vida. Se siente frustrado, inseguro y timorato. De niño, su padre vivía diciéndole que era un estúpido. Todavía hoy su padre le dice que no puede hacer nada bien. Larry ha estado representando el papel de un hijo incapaz e incompetente durante veintiséis años. Precisa transformar su percepción para que concuerde con la visión de su Padre celestial.

Los niños amados y valorados por sus padres vivirán esa identidad de adultos. Desde sus primeros años, el padre de Cheryl, Don, le enseñó varias tareas apropiadas a su edad: desde cómo atarse los zapatos hasta cómo utilizar la computadora y las herramientas eléctricas del garaje. Don le infundió mucha confianza a su hija:

—Vamos, querida, tú puedes hacerlo. Mira, así es como se hace; inténtalo otra vez.

No la presionaba para que rindiera más ni tampoco se concentraba en sus fracasos. Cuando Cheryl se graduó de la escuela bíblica, eligió el versículo de Filipenses 4:13 para colocar junto a su foto en el anuario: «Todo lo puedo en Cristo que me fortalece». Don le había enseñado que era capaz y competente en muchos ámbitos. Cheryl no tenía dificultad en considerarse una hija competente de Dios. Como resultado, ahora trabaja en el ministerio en un barrio difícil de la ciudad, donde su determinación y confianza están dando fruto para el reino de Dios.

LA LUZ EN LA VIDA DE TUS PADRES

Las Escrituras identifican tres ingredientes vitales en la crianza de los hijos: ser ejemplo, enseñar y relacionarse. Si estos ingredientes bíblicos estaban presentes en las vidas de tus padres, la luz de Dios brillaba en tu hogar, y tuviste la oportunidad de mirar tu verdadera identidad. En la medida en que estos ingredientes faltaban o eran escasos, la perspectiva de tu identidad se desfiguraba.

1. *Ser* ejemplo. Los padres son el modelo de vida para sus hijos, sean conscientes de su papel o no. La única pregunta que corresponde formular es si son un buen o un mal ejemplo. Jesús dijo: «Hagan brillar su luz delante de todos, para que ellos puedan ver las buenas obras de ustedes y alaben al Padre que está en el cielo» (Mateo 5:16). Los niños observan e imitan las palabras, conductas y actitudes de sus padres. Aprenden a pensar como sus padres, a sentir como sus padres, a elegir lo que sus padres eligen y a actuar igual que sus padres.

¿Qué modelo te brindaron tus figuras paternales? ¿Fue positivo o negativo?

2. *Enseñar.* Dios instruyó a su pueblo: «Incúlcales [estas palabras que hoy te mando] continuamente a tus hijos. Háblales de ellas cuando estés en tu casa y cuando vayas por el camino, cuando te acuestes y cuando te levantes» (Deuteronomio 6:7). Dios encomendó a los padres la tarea de enseñar a sus hijos los principios bíblicos y las reglas para la vida. La educación en el hogar debe ir más allá de enseñar a los niños cómo atarse los zapatos y terminar las tareas del hogar. Debemos enseñarles la importancia de Dios, la fe, la salvación y la obediencia. La enseñanza bíblica no se limita a la instrucción verbal, requiere también disciplina oportuna y adecuada.

¿Qué aprendiste de tus padres acerca de Dios, la fe cristiana y la relación con Jesucristo? ¿Qué te enseñaron sobre la manera de vivir según las instrucciones de las Escrituras?

3. *Relacionarse.* Los padres deben amar a sus hijos y relacionarse con ellos de igual a igual, con cariño y ternura. El mandamiento de Cristo: «Así como yo los he amado, también ustedes deben amarse los unos a los otros» (Juan 13:34) debe comenzar por casa. Los niños necesitan ser amados y tratados como personas. El salmista dijo: «Los hijos son una herencia del SEÑOR» (Salmo 127:3). ¿Qué haces con un regalo? Lo aprecias. Los otros ingredientes: ser ejemplo y enseñar, pierden su eficacia si no se conjugan con una relación cálida, afectuosa e íntima entre padres e hijos.

¿Cómo se relacionaron tus padres contigo? ¿Te trataban como una obligación, una carga o un pasatiempo en sus vidas? ¿Tenían contigo una relación de amor y te apreciaban y estimaban?

TUS PADRES: UN CANAL DE LUZ

Los niños que recibieron la luz de Dios a través del cuidado y el ejemplo piadoso de sus padres tienen mayor ventaja para crecer viéndose como Dios los mira. La luz canalizada por padres cristianos amorosos tiene las siguientes características:

1. *Los padres que tienen una relación íntima con Jesucristo están ayudando a sus hijos a comprender que Dios los ama y los valora.* Es la expresión práctica del ingrediente del ejemplo. Los padres reflejan la luz de Cristo cuando hablan con respeto y honran a Cristo en su conversación cotidiana, cuando Cristo no es una mera religión sino que tienen una relación personal con él, cuando viven de acuerdo con las enseñanzas y la vida de Jesús.

¿Qué opinaban de Jesucristo las personas que te criaron? ¿Honraban su nombre o lo tomaban en vano, para insultar? La conducta de tus padres ¿era prueba evidente del amor incondicional de Cristo? ¿O sus palabras y acciones eran la antítesis del afecto y la preocupación por los demás? ¿Te leían y contaban historias de Jesús en tu hogar? ¿Hablaban tus padres de su comunión diaria con Cristo? ¿Escuchaste alguna vez a tu padre o madre orar, conversando con Dios como si estuviera presente en la misma habitación? ¿Alguna vez les oíste decir: «¿No es maravilloso que Jesús nos ame y nos perdone?», «Gracias a Dios por el hijo que tengo» o «Jesús sí que nos estaba protegiendo cuando ese automóvil cruzó el semáforo con luz roja; nos podía haber atropellado.»

2. *Cuando la Biblia es el centro de la vida familiar, los padres ayudan a sus hijos a comprender que Dios los ama y los valora.* Es el ingrediente de la enseñanza de los padres en la práctica. La Biblia es la palabra escrita de Dios, que nos enseña lo que somos en él. Cuando la Biblia forma parte de la vida familiar, los niños asimilan una imagen más clara de su verdadera identidad.

Los padres que se limitan a sentarse todos los días con sus hijos, abrir la Biblia y predicarles, no son buenos maestros. La Biblia se convierte en el fundamento de una enseñanza provechosa cuando nos referimos a ella, hablamos sobre ella, la leemos y la citamos en las situaciones de la vida cotidiana. Los momentos de devoción en familia con actividades estructuradas y los planes de memorización de la Biblia tienen cierto valor, pero el estudio formal solo será fructífero si, en el correr de la semana, también hablamos sobre la Biblia y la citamos en otras circunstancias informales.

La manera como los padres se relacionan personalmente con las Escrituras dice mucho más sobre la importancia de las Escrituras que las palabras. Tom y Jackie tienen dos varones. Cuando estaban creciendo, Tom se levantaba temprano todas las mañanas para sentarse a la mesa y leer un capítulo de la Biblia antes de que el resto de la familia se despertara. A veces, alguno de los hijos lo veía sentado en el comedor, inclinado sobre la Biblia. Tom nunca hizo mucho aspaviento, sus devociones no eran una «escenografía» para que sus hijos lo encontraran ahí.

Cuando Kip, su hijo mayor, ingresó en el instituto, se levantaba de madrugada para practicar en el equipo de natación. Una mañana, cuando Tom llegó al comedor para leer, se encontró a Kip sentado en su silla y leyendo la Biblia. Tom no tuvo ningún inconveniente en buscarse otro lugar para su momento de devoción mientras Kip estuviera en el equipo de natación.

Los muchachos ya están casados. Si bien poco se acuerdan de los momentos de devoción familiar en su hogar, son hombres que sí practican la Palabra porque fueron testigos de lo que la Biblia representaba para su padre.

¿Cuánto brillaban las Escrituras en tu vida mientras estabas creciendo? Si había una Biblia en tu hogar, ¿era algo más que un recuerdo familiar o un adorno en la mesita del salón? ¿Alguna vez viste a uno de tus padres, o a ambos, leyendo la Biblia? ¿Te leían la Biblia o contaban historias bíblicas? ¿Te dabas cuenta de que tus padres consideraban que la Biblia era verdad, y vivían según sus principios? ¿Recuerdas alguna ocasión en que hayan comentado de paso versículos o temas bíblicos en el diario vivir?

3. *Cuando la comunión cristiana está en el centro de sus vidas, los padres ayudan a sus hijos a descubrir que Dios los ama y los valora.* Esta es otra expresión del ingrediente de las relaciones de los padres. El amor y el cuidado de sus padres se multiplica cuando los niños se integran a un círculo de creyentes que se preocupan unos por otros y se alientan recíprocamente. Viendo cómo sus padres se interesan por los demás y cómo otras personas se preocupan por ellos, los niños aprenden que Dios ama y valora a todos. El mensaje de vida de los padres se enriquece, se amplifica y se expande cuando los niños se vinculan, en una confraternidad bíblica, con los maestros de Escuela Dominical, los líderes de jóvenes y otros creyentes adultos.

¿Cuánta luz te transmitieron las actividades de la iglesia cuando eras niño? ¿Tus padres eran miembros activos de una iglesia que creía en la Biblia y donde Cristo era el centro? ¿Qué papel desempeñaban las actividades de la iglesia en la vida familiar? ¿Te animaban tus padres a participar en la Escuela Dominical, la escuela bíblica de vacaciones, los grupos de jóvenes y otras actividades donde podías estar junto con otros de tu misma edad?

Esperanza para los hogares imperfectos

Antes de casarme, pasaba muchas horas en casa de Paula. Tenía unos padres cristianos maravillosos. Ella nunca había oído a sus padres discutir, ni siquiera levantarse la voz. Yo pensaba: *«Señor, ¿por qué no pude tener unos padres como los de Paula, que se aman?»* Mi hogar no fue un hogar cristiano. La Biblia y la iglesia no formaron parte de mi educación. Tampoco recuerdo que mi padre me abrazara alguna vez, o que abrazara a mi madre. Aunque nuestra familia tuvo sus momentos buenos, nuestra vida estaba plagada de pruebas, tribulaciones y penas. La mayoría de los conflictos en nuestro hogar se debían al alcoholismo de mi padre. Como resultado, me crié con una pobre percepción de cuánto me amaba y valoraba Dios.

Pasaba mucho tiempo en casa de Paula porque la envidiaba. Pero, entonces, me di cuenta de que Dios había elegido a mis padres del mismo modo que había elegido a los padres para Paula. Comencé a entender que usó hasta las características no deseables de mi padre para conformar mi vida.

Si crees que estás en desventaja porque tu familia no te brindó mucha luz, no te desalientes: Dios usa todas las circunstancias de nuestras vidas, las buenas y las malas, como preparación para lo que hará en nosotros y por medio de nosotros. Todo lo que nos sucede es una oportunidad para que Dios nos consuele y nos capacite para consolar a otros (lee 2 Corintios 1:3-4). Dios usó Romanos 8:28 para ayudarme a tener una mejor imagen de mi familia: «Sabemos que Dios dispone todas las cosas para el bien de quienes lo aman, los que han sido llamados de acuerdo con su propósito.» Ahora estoy de veras agradecido por haber tenido un padre alcohólico porque Dios, en su fidelidad, usó esas circunstancias para formarme y capacitarme para ayudar a otros.

Quizá estés comenzando a comprender algunas de las limitaciones de tus padres con más claridad. Si es así, primero debes aprender a decir: «Gracias, Señor, por mis padres. No sé por qué tuve que pasar por esas experiencias cuando niño, pero estoy convencido de que todo será para bien.»

Para tener una idea lúcida de tu identidad

En primer lugar, para comprender quién eres debes entender quién es Dios y conocer lo que siente por ti. Reflexiona sobre las siguientes verdades acerca de Dios. Tómate un tiempo para escribir tus respuestas a las preguntas en un cuaderno o diario.

1. *Dios es comprensivo.* En 1 Crónicas 28:9 leemos lo

siguiente: «Reconoce al Dios de tu padre, y sírvele de todo corazón y con buena disposición, pues el SEÑOR escudriña todo corazón y discierne todo pensamiento.»
- ¿Qué significa que Dios sea comprensivo?
- ¿Qué significa que Dios comprende todo sobre ti?

2. *Dios no cambia.* Leemos en Malaquías 3:6: «Yo, el SEÑOR, no cambio.»
   - ¿Qué significa que Dios no cambia?
   - ¿Qué significa que podemos depender de Dios, porque es constante y no cambia de parecer?

En segundo lugar, para comprender quién eres necesitas prestar atención a lo que Dios dice que *eres*. Escucha la voz de Dios hablándote:

3. *Dios dice: «Eres completo».* Leemos en Colosenses 2:10: «Y en [Cristo]... ustedes han recibido esa plenitud.»
   - Toma este versículo y hazlo tuyo: «Gracias a Jesucristo, soy una persona completa, no soy ni un producto defectuoso ni un desecho. Soy una persona acabada.»
   - ¿Qué significa que Dios, por medio de su Hijo, te haya hecho un ser acabado: no solo suficientemente bueno, sino completo?
   - ¿Puedes comprender lo que Dios siente por ti al darte esa sensación de plenitud?

4. *Dios dice: «Eres mi heredero».* Leemos en Romanos 8:17: «Y si somos hijos, somos herederos; herederos de Dios y coherederos con Cristo.»
   - Toma este versículo y hazlo tuyo: «Soy hijo de Dios, y Dios compartirá conmigo todos los tesoros que le ha dado a su amado Hijo Jesucristo.»
   - ¿Qué significa que Dios comparte contigo todos sus tesoros?

- ¿Puedes comprender los que Dios siente por ti al hacerte su heredero, un hijo a quien colma de bendiciones?

Tómate un tiempo para agradecerle a Dios lo que te ha revelado acerca de su persona. Escúchalo mientras habla a tu corazón en el transcurso de los próximos días y semanas. Deja que estas verdades de las Escrituras obren en lo profundo de tu corazón y de tu identidad.

CAPÍTULO 6

El principal artista de tu autorretrato

Tus padres son los artistas principales de tu autorretrato. Además, en la mayoría de los casos, el padre más dominante es el que más incidió en el concepto que tengas de ti mismo. En mi caso en particular, fue mi padre, aunque casi no tenía ninguna relación con él. Puede haber sido tu caso también. Sin duda fue el caso de mi amigo O'Neill.

O'Neill, el mayor de tres hermanos, se crió en un pequeño pueblo. Sus padres amaban a sus hijos de la mejor manera que sabían hacerlo: proveyendo para sus necesidades materiales. Su padre trabajaba incansablemente en lugar de brindarle afecto paternal: nunca abrazó a su hijo, nunca le dijo que lo amaba ni que estaba orgulloso de él. Su madre, que también sufría la falta de afecto, era sobreprotectora.

De niño, O'Neill se esforzó por ganar la aceptación de sus padres, su afecto y su aprobación, procurando ser lo que ellos querían que fuera. Era un hijo obediente y bueno; sus padres lo ponían de ejemplo para su hermano y hermana menores. No lo dejaban pelearse con otros niños. Siempre que surgía un conflicto, la madre intervenía. Cuando comenzó la secundaria, sus compañeros lo llamaban «mariquita» porque creían que era afeminado.

Para colmo de males, O'Neill se orinó en la cama hasta los quince años. Su padre era incapaz de entender eso y reaccionaba con rabia; lo acusaba de hacerlo a propósito para provocarlo. Al no poder quedarse a dormir en casa de sus compañeros, se sentía cada vez más solo y sufría complejo de inferioridad. Se unió a los «Boy Scouts» pero incluso allí lo ridiculizaban. Como no tenía una amistad estrecha con su padre y sus amigos no lo aceptaban, sentía mucha rabia, pero no sabía cómo expresarla.

Entonces descubrió el fútbol americano y, como era fornido, fuerte y talentoso, encontró la satisfacción de descargar su rabia en el campo de juego. Durante el instituto, dejó de orinarse en la cama y logró jugar en el primer equipo de fútbol. Sus compañeros comenzaron a respetarlo. Gracias, en parte, al juego de O'Neill, el equipo participó en las eliminatorias del estado. Sin embargo, como la persona encargada de otorgar los premios atléticos de la región no se llevaba bien con su padre, lo dejó de lado cuando se adjudicaron los honores del estado. El desaire lo distanció más de su padre.

Por esa misma época, O'Neill se integró a un grupo de jóvenes en una iglesia, donde era «cabeza de ratón». Aunque solo era cristiano de nombre, se convirtió en el líder del grupo de estudiantes del instituto, y gozaba de la aprobación de los adultos que respaldaban su actividad. Un verano, durante un campamento de la iglesia, se comprometió a dedicarse exclusivamente a la obra cristiana, pues sentía que los líderes adultos esperaban eso de él.

Su carrera universitaria comenzó con una nueva frustración: una importante universidad le revocó, en el último momento, una beca de fútbol que le había prometido. Irritado por el rechazo, decidió demostrarles que podía jugar en la liga mayor de escuelas universitarias. Se inscribió y figuró en el equipo durante su primer año. Pero al entrenador principal no le gustaba ese «buen chico cristiano» y lo molestaba dentro y fuera del campo de juego, haciendo falsas acusaciones contra él y sacándolo del juego por cualquier motivo. Cuando, enojado, O'Neill enfrentó a su entrenador, este le dijo que no volvería a jugar otro partido de fútbol por esa escuela. Que una figura de autoridad lo rechazara nuevamente, le causó un dolor casi insoportable.

Los fines de semana en la universidad los pasaba solo, furioso y deprimido. Todas las noches, salía en su automóvil a la carretera y se pasaba las horas buscando ligar una muchacha o enredarse en alguna pelea. No tenía ningún amigo íntimo; pero tampoco quería hacerse amigo de nadie porque tenía miedo de que descubrieran al pobre muchacho miedoso que era. Estaba seguro de que nadie lo querría, porque ni él mismo se quería. Durante todo ese período, continuó preparándose para el ministerio, aunque sabía que su fe cristiana carecía de fundamento.

Sabía que Cristo estaba en su vida, pero estaba desanimado porque sus problemas no habían desaparecido.

En el verano después de su primer año en la universidad, por primera vez O'Neill escuchó con claridad el evangelio. Aceptó a Cristo y supuso que su vida sería completamente transformada. No obstante, nada pareció cambiar. Su soledad, su complejo de inferioridad y su rabia no lo dejaron. Se sentía más desgraciado que nunca. Sabía que Cristo estaba en su vida, pero estaba desanimado porque sus problemas no habían desaparecido como él había supuesto.

Durante su último año en la universidad, conoció a una muchacha maravillosa y se casó con ella. Pero el matrimonio solo sirvió para suscitar emociones más intensas de inferioridad. No se podía comunicar íntimamente con su esposa porque tenía miedo de que ella supiera cómo era realmente. De todos modos, fue llevando su matrimonio durante los primeros meses.

Terminados sus estudios, él y su esposa fueron a trabajar a un campamento cristiano. Fue una experiencia decisiva en la vida de O'Neill. Allí conoció a un consejero cristiano que lo ayudó a entender cómo su padre distante y aparentemente insensible lo había dejado con una percepción imperfecta de su identidad. Las sombras oscuras del pasado no le permitían disfrutar una vida edificante como hijo de Dios, amado y valioso. El consejero le presentó las verdades bíblicas que hicieron resplandecer su verdadera identidad en Cristo. Gracias a la aceptación, el afecto y la aprobación de ese consejero, comenzó a creer, de veras, que Dios lo amaba, lo valoraba y lo consideraba competente.

A partir de ese verano, O'Neill se mira a sí mismo como Dios lo mira. Mediante una relación más profunda con Cristo, el estudio de las Escrituras y la comunión con otros creyentes solícitos, ha podido darse cuenta de que el retrato subjetivo heredado de su padre y de otros no era exacto. Él y su esposa han pasado muchas horas juntos, recibiendo orientación cristiana y descubriendo las maravillas de su identidad en Cristo. La transformación no ha sido tarea fácil, pero O'Neill por fin puede disfrutar siendo la persona que Dios creó.

Ya no siente resentimiento hacia su padre, si bien todavía se emociona cuando recuerda sus sufrimientos de niño. Ha salido fortalecido de su dolor, y desde hace años ejerce el ministerio, sirviendo a cientos de personas afligidas. Su gratitud puede resumirse en las palabras de Pablo: «Alabado sea el Dios y Padre de nuestro Señor Jesucristo, Padre misericordioso y Dios de toda consolación, quien nos consuela en todas nuestras tribulaciones para que con el mismo consuelo que de Dios hemos recibido, también nosotros podamos consolar a todos los que sufren» (2 Corintios 1:3-4).

Un padre alcohólico

La experiencia de O'Neill se parece a la mía en muchos sentidos. Mi relación con mi padre en mis primeros años de vida restringió el desarrollo de mi sentido de identidad como hijo de Dios amado, valioso y competente. Mis amigos se burlaban de mi padre por ser el borracho del pueblo. Nunca supieron cuánto me dolían esas bromas. Me reía por fuera, pero lloraba por dentro.

A veces iba al establo y encontraba a mi madre tirada en el estiércol, detrás de las vacas: mi padre le había pegado tan fuerte que no podía levantarse. Dos veces se fue de casa porque no soportaba más la violencia de mi padre.

Cuando mis hermanos o yo invitábamos amigos a casa, yo me aseguraba de que mi padre no nos haría pasar vergüenza con su borrachera. Lo llevaba al establo y, literalmente, lo ataba. Aparcábamos el automóvil del otro lado del granero y les decíamos a nuestros amigos que nuestro padre había tenido que salir. Dudo mucho que alguien haya odiado tanto a otra persona como yo a mi padre. Muchas veces, explotando de rabia, le pegué hasta casi matarlo.

¿Crisis de identidad? ¡No tenía ni idea de mi identidad! ¿Cómo iba a pensar que Dios, o que cualquier otra persona, me amara, valorara y creyera competente cuando mi padre no nos respetaba, ni a mi madre ni a mí? Para compensar el retrato subjetivo desagradable que mi padre me había transmitido, me convertí en una persona complaciente. Era el que más se esforzaba en las tareas, los estudios y el atletismo. Como resultado, aunque siempre esperaba fracasar, sobresalí tanto en los estudios como en los deportes.

Cuando ingresé a la universidad, un profesor me dijo que tenía dos puntos a mi favor: la habilidad de conjugar razones y hechos para demostrar un argumento, y una formidable determinación y motivación. Me recomendó que me dedicara a las leyes. Por fin vislumbraba un rayo de esperanza con que ganarme el respeto que tanto anhelé de niño. Me imaginaba llegando más lejos que un abogado. Le probaría a mi padre y a todos los demás que yo era alguien. Elaboré una estrategia para convertirme en gobernador del estado de Michigan en veinticinco años. El primer objetivo era ser elegido presidente de mi clase de primer año, y pronto lo taché de mi lista como ya cumplido.

Orgulloso de mis poderes de lógica recién descubiertos, y como parte de un proyecto para el curso, decidí refutar el cristianismo. Fue mi manera de responder a una disputa con un grupo evangélico. Poco después de comenzar a trabajar en el proyecto, conocí a un grupo de estudiantes cristianos. Pasé más de un año discutiendo con ellos las verdades del cristianismo. Sin embargo, después de analizar la evidencia a fondo, me di cuenta de que no podía rebatirla.

Pero todavía no quería ceder. Aunque Jesús hubiera realizado milagros y hubiera resucitado, resultaba ser un aguafiestas. No quería que nadie estropeara mi buena vida. Hubo de transcurrir más de un año antes de que me rindiera. Después de una noche en vela, porque no podía dejar de pensar en ello, le dije a Dios: «Supongo que, muy a mi pesar, tendré que creer que efectivamente existes.» Reconocí que estaba equivocado, confesé mis pecados y le pedí perdón. Le entregué mi vida y le pedí que me hiciera más parecido a mis amigos cristianos.

Al principio no me sentí mejor; en realidad, me sentí peor. Me preguntaba en qué lío me había metido. Todavía odiaba a mi padre y luchaba contra mi complejo de inferioridad y mi actitud siempre a la defensiva. Pero, con el transcurso de los meses, descubrí que mi vida estaba cambiando. Algo de paz comenzó a sustituir mi incesante inquietud. Mi mal genio desapareció. Con el tiempo, Dios transformó el odio hacia mi padre en compasión, y me utilizó para guiarlo a Cristo antes de que muriera.

El sentido de identidad de mis primeros años estaba desfigurado, en gran parte debido a una relación conflictiva con mi padre alcohólico. Ese retrato sombrío fue un gran obstáculo en mi vida hasta que confié en Cristo y él comenzó a transformar la percepción que tenía de mí mismo.

La influencia dominante de un padre

Nunca pude desarrollar un autorretrato saludable porque mi padre fue incapaz de amarme y cuidarme. Esa experiencia me condujo a creer que la figura paternal dominante es lo que más incide en la creación del primer retrato interno. En mi caso, se trató de mi padre.

Cuando cualquiera de los padres falla porque no puede brindar la atención, la aceptación, el aprecio, el apoyo, el aliento, el afecto, el respeto, la seguridad, el consuelo y la aprobación que sus hijos reclaman; sus hijos enfrentarán serias dificultades para mirarse como un Dios amante los mira. Si los padres no cumplen con el papel encomendado por Dios, inevitablemente, los niños y las niñas no podrán desarrollar una visión exacta de lo que Dios quiere que sean.

¿Acaso no padecemos la desintegración de la familia estadounidense y la ausencia de los padres y madres amantes y alentadores, especialmente del padre, en la vida de sus hijos? Solo un pequeño y decreciente número de niños se crían en hogares donde el padre es una figura presente y activa en el cuidado de los hijos. Cuando el padre renuncia a su papel; ya sea alejándose físicamente por un divorcio o separación, o emocionalmente, anteponiendo su carrera profesional o pasatiempos a la familia, está despojando a los hijos de su respectivo sentimiento de identidad.

Nunca pude desarrollar un autorretrato saludable porque mi padre fue incapaz de amarme y cuidarme.

El problema parece haber surgido con la revolución industrial y la urbanización de la sociedad. Cuando Estados Unidos era todavía una cultura agraria y rural, la figura del padre era central y dinámica en el hogar y el desarrollo de los niños. Como la «carrera profesional» del padre era la hacienda familiar, el padre estaba más en contacto con sus hijos, especialmente porque sus hijos trabajaban junto a él tan pronto como tenían edad para ello. Además, como no existían otras distracciones como la televisión, los juegos de video o la Internet, toda la familia podía reunirse al atardecer para entretenerse. Papá, mamá y los niños trabajaban y jugaban juntos.

Las generaciones anteriores estaban más comprometidas con los valores bíblicos: en la familia rural oraban juntos, leían la Biblia juntos y concurrían juntos a la iglesia. Gracias a esta relación estrecha que se daba con el padre y la madre en el trabajo, el juego y la adoración, los hijos tenían una perspectiva más clara de su verdadera identidad según Dios.

Hoy en día, tanto los padres como las madres trabajan fuera del hogar, y sus hijos muy pocas veces han visitado el lugar de trabajo de sus padres; algunos hijos ni siquiera saben qué hacen sus padres en el trabajo, mucho menos tienen la posibilidad de trabajar con ellos. Los padres ven a sus hijos a la hora del desayuno o de la cena; sin embargo, en muchos hogares el padre se va a trabajar antes que ellos se levanten y regresa tarde en la noche. Algunos padres viajan durante toda la semana y quieren pasar tranquilos el fin de semana. Sus carreras profesionales y sus pasatiempos, en lugar de acercarlos a sus hijos, como ocurría en la cultura agraria, solo contribuyen a distanciarlos de ellos.

Los conflictos inherentes a una mala relación paternal han alcanzado a la gran mayoría de los estadounidenses. Es una epidemia con muchas causas, con consecuencias a largo plazo. Si tuviera el poder para cambiar un fenómeno cultural, corregiría el problema de los padres ausentes, pasivos o poco involucrados en el hogar estadounidense; especialmente, el caso del padre.

Las niñas han tenido, tradicionalmente, una relación más estrecha y fructífera con sus madres que la que pueden haber tenido los varones con su padre o madre. Aunque tanto unos como otras necesitan la influencia positiva de ambos padres por igual, parecería ser que los varones son los que más sufren la ausencia o el desamparo del padre. Como resultado, las niñas tienen un mejor sentido de identidad que los varones.

Tengo un amigo que notó esta diferencia cuando era jefe de personal de la Cruzada Estudiantil y Profesional para Cristo (*Campus Crusade for Christ*). Como jefe de ese departamento, entrevistaba a los egresados universitarios para cargos en la plantilla de la Cruzada. Advirtió, en reiteradas ocasiones, cómo las postulantes manifestaban uniformemente un sentido de identidad más saludable y se tenían más confianza que los postulantes varones. Como grupo, los varones eran menos seguros de su identidad. Todos los postulantes eran de primera línea: representantes del cuerpo estudiantil, excelentes atletas, estudiantes sobresalientes. A pesar de ello, mi amigo encontraba que los varones tenían menos confianza en sí mismos que las mujeres.

Hombres privados del cariño y la protección del padre

Si eres un hombre, la relación que tenías con tu padre, en especial la que tenías cuando niño, incidió sustancialmente en la percepción de tu identidad. ¿Vivías con tu padre? Si así fue, ¿tu padre participaba activamente en el cuidado, la disciplina y la instrucción? ¿Eran amigos? O por el contrario, como O'Neill y yo, ¿fuiste víctima de un padre alcohólico, violento e incapaz de manifestar afecto, que te hizo sentir que nadie te amaba ni apreciaba, y que eras inútil? No cabe duda de que si no pudiste contar con tu padre, ya sea porque estaba física o emocionalmente ausente, su falta de participación en tu vida forjó tu identidad.

1. Los hombres que no contaron con su padre son inseguros de su masculinidad.

Como no disfrutaron una relación provechosa con sus padres, tuvieron que arreglárselas solos para descubrir lo que significa ser un hombre. La mayoría de los hombres intentan compensar esta dificultad de diversas maneras.

Algunos hombres procuran probar su masculinidad mediante sus realizaciones. Piensan que si logran hacer dinero o ascender de escalafón más rápido que sus colegas, habrán hecho alarde de su masculinidad.

Otros, procuran probar su masculinidad compitiendo. El individuo que gane, ya sea al juego de las damas, al golf o al béisbol, es «más hombre». Esto fue todo un tema para mí cuando estaba creciendo: era un competidor ofensivo, no soportaba perder. Era mi manera de demostrar que era un hombre.

Los hombres desesperados por ganar suelen transmitir su sentido desfigurado de masculinidad a sus hijos. Cuando Joel, de nueve años, y su padre juegan en la computadora, Joel siempre termina la actividad huyendo de la habitación, llorando. Su padre no puede jugar para entretenerse y darle ventaja a su hijo: tiene que ganar. Joel, como resultado, crecerá sufriendo la misma compulsión por ganar.

Nuestra identidad como hijos de Dios es más que «hacerse hombre». Si estás enfrascado en una lucha interminable para demostrarte lo que eres, puedes estar padeciendo la falta de interés de tu padre. Los siguientes capítulos te ayudarán a experimentar la transformación de mirarte con los ojos de Dios.

2. *Los hombres que no contaron con su padre crecen sintiendo hostilidad hacia las mujeres.* Esto obedece a que la madre, o la figura maternal, del niño intenta compensar la ausencia o pasividad del padre. Entre los diez y once años, sin embargo, el varón manifestará una resistencia hacia la madre dominante y pegajosa. Puede amarla, pero si es dominante, el varón se retraerá física y emocionalmente para escaparse: se siente sofocado por la atención de su madre. De adulto, la rabia contra su madre puede transferirse a otras mujeres.

La consecuencia de la hostilidad hacia la madre es el temor a ser dominado por cualquier otra mujer. De adulto, el hombre puede prometerse que nunca se dejará controlar por una mujer. En su subconsciente, puede evitar la intimidad emocional, si bien procura la intimidad física. Como marido, puede ser complaciente y callado, o irritable y distante. Cualquiera de estos comportamientos representa un riesgo grave para un matrimonio.

3. *Los hombres que no contaron con su padre tienen temor a entablar relaciones estrechas con otros hombres.* Los estudios revelan que un alto porcentaje de hombres no tienen amigos de su mismo sexo con quienes relacionarse íntimamente. Después de hablar sobre el tiempo, los deportes, la bolsa, las tasas de interés y los automóviles, se quedan sin tema de conversación. Una buena relación padre-hijo sirve de modelo para establecer amistades íntimas

masculinas de adulto y es el lugar natural para practicarlas. Los hombres que no establecieron lazos estrechos con su padre no tienen los instrumentos para desarrollar relaciones con otros hombres. Hasta pueden sentir que una amistad estrecha con otro hombre linda con la homosexualidad. Por otro lado, la ausencia de una figura paternal activa para brindarles cuidado y protección, puede convertir a algunos hombres en homosexuales. Parecería ser que la necesidad de contar con un padre sustituto, unida al temor o la hostilidad hacia las mujeres, suscita en algunos hombres una tendencia hacia la homosexualidad.

Si eres hombre y has padecido algunos de los problemas arriba mencionados, tu retrato subjetivo todavía puede estar resentido por la ausencia de una relación estrecha con tu padre. Si eres mujer, quizá reconozcas algunos de estos problemas en tu esposo o novio. En ambos casos, te animo a que sigas leyendo para aprender cómo transformar esa imagen imperfecta en una fiel representación de tu persona.

MUJERES PRIVADAS DEL CUIDADO Y LA PROTECCIÓN DE UN PADRE

Las mujeres que se criaron en hogares donde el padre estaba física o emocionalmente ausente son susceptibles de una serie de problemas similares.

1. Las mujeres que no contaron con su padre tienden a desconfiar de los hombres. La mujer que no disfrutó una relación cálida, cariñosa y afectuosa con su padre, de adulta, tiende a desconfiar de los hombres en general. Como su padre no suplió sus profundas necesidades emocionales y de relación, subconscientemente espera que los demás hombres también le fallen y, por ende, prefiere mantenerse alejada de ellos.

Claudia, de treinta y un años, es agente de seguros y todo le va bien. Además de tener un deslumbrante aspecto físico, tiene éxito en el negocio, es dueña de su propia casa y de un buen automóvil, y tiene muchos amigos. Es miembro activo de su iglesia y transmite su fe con su ejemplo y su testimonio. Todos comentan: «Es una mujer maravillosa. Lo único que le falta es un marido.»

Claudia dice que le gustaría casarse y tener hijos. En su trabajo y en la iglesia, ha tenido la oportunidad de conocer a muchos solteros de su misma edad interesados en ella. Sale con frecuencia, y la mayoría de los hombres con quienes sale la vuelven a invitar. Pero después de dos o tres salidas con el mismo individuo, justo cuando él está pensando en formalizar la relación, ella comienza a distanciarse. Incluso si le gusta el hombre, hace cosas para enfriar la relación: no contesta sus llamadas telefónicas, llega deliberadamente tarde a las citas o lo deja plantado; cuando está con él se vuelve malhumorada o crítica. El hombre no tarda en desanimarse y deja de llamarla. Claudia, en el fondo, se siente aliviada. Le comenta a sus amigas: «No nos llevábamos bien.» Al poco tiempo, el ciclo comienza nuevamente con otro pretendiente entusiasta, pero siempre termina de la misma manera.

Evelyn, la esposa del pastor, había observado a Claudia repetir el ciclo varias veces. Un día la invitó a almorzar y comenzó a preguntarle por su familia, en especial por su padre. Claudia le confesó que nunca había tenido una relación estrecha con su padre, quien expresamente prefería a sus dos hermanos mayores. En los siguientes meses, el consejo sabio y cariñoso de Evelyn ayudó a Claudia a darse cuenta de cómo revivía la experiencia de su hogar cada vez que salía con un hombre. Claudia se mantenía a distancia de su padre para evitar el dolor de su rechazo. Aunque anhelaba la seguridad de una relación matrimonial, hacía lo mismo con los demás hombres que llegaban a su vida.

Las mujeres como Claudia trasladan su desconfianza a la relación matrimonial. Pueden actuar de forma normal en la intimidad, pero son incapaces de confiar en sus maridos para que suplan sus más profundas necesidades. A medida que estas mujeres se vuelven más reservadas y desconfiadas, la tensión en el matrimonio puede ser tan severa que acabe en una separación o divorcio.

En ocasiones, la desconfianza general hacia los hombres conduce a una hostilidad expresa. El problema se origina en el resentimiento crónico que sienten hacia el padre indiferente, resentimiento que trasladan a otros hombres en su vida.

2. Las mujeres que no contaron con su padre pueden buscar el afecto y la atención impropia de otros hombres. Si una mujer, de niña, no tuvo el afecto y la atención que necesitaba de su padre, puede procurar compensar esa falta buscando el afecto y la atención de otros hombres, generalmente de manera impropia. Algunas mujeres promiscuas reconocen que no buscan la actividad sexual en sí misma, sino que entregan sus cuerpos a cambio del afecto que ansían. Las niñas que tuvieron una relación cariñosa y positiva con su padre en el hogar, están mejor preparadas emocionalmente para no ceder ante la tentación sexual.

¿Cuánta luz transmitieron tu padre y tu madre para alumbrar tu verdadera identidad? Si eres como la mayoría de las personas, la percepción de quién eres será distinta a la imagen que Dios tiene de ti porque tu padre y tu madre no te proporcionaron suficiente luz. Con esto no pretendo menospreciar a tus padres sino ayudarte a comprender que puedes recuperar cualquier carencia que tengas con respecto a tu sentido de identidad. Tu hogar puede haber sido el peor, pero tienes la oportunidad de mirarte con los ojos de Dios. Y es precisamente esa imagen la que tú quieres tener.

Para tener una idea lúcida de tu identidad

En primer lugar, para comprender quién eres debes entender quién es Dios y conocer lo que siente por ti. Reflexiona sobre las siguientes verdades acerca de Dios. Tómate un tiempo para escribir tus respuestas a las preguntas en un cuaderno o en un diario.

1. *Dios es tu Padre.* Leemos en el Salmo 103:13: «Tan compasivo es el SEÑOR con los que le temen como lo es un padre con sus hijos.»
   - ¿Qué significa que Dios sea como un padre para ti?

- ¿Qué significa que Dios, el Padre de nuestro Señor Jesucristo, es *tu* Padre?

2. *Dios es compasivo.* Leemos en el Salmo 103:13: «Tan compasivo es el SEÑOR con los que le temen como lo es un padre con sus hijos.»
   - ¿Qué significa que Dios sea compasivo?
   - ¿Qué significa que este Dios compasivo te llame su hijo y te sostenga en sus brazos?

En segundo lugar, para comprender quién eres necesitas prestar atención a lo que Dios dice que *eres*. Escucha la voz de Dios hablándote:

1. *Dios dice: «Eres valioso.»* Leemos en Lucas 12:24: «Fíjense en los cuervos: no siembran ni cosechan, ni tienen almacén ni granero; sin embargo, Dios los alimenta. ¡Cuánto más valen ustedes que las aves!»
   - Toma este versículo y hazlo tuyo: «Dios valora tanto a las aves que las alimenta y las cuida. Si, para Dios, yo valgo más que las aves, puedo confiar en él: me cuidará también.»
   - ¿Qué significa que vales mucho para Dios?
   - ¿Puedes comprender lo que Dios siente por ti cuando te asegura que quiere cuidar de ti?

2. *Dios dice: «Eres mi hijo.»* Leemos en Gálatas 4:7: «Así que ya no eres esclavo sino hijo.»
   - Toma este versículo y hazlo tuyo: «Soy hijo de Dios. Aunque mi padre me abandone, pertenezco a Dios.»
   - ¿Qué significa que Dios te haya hecho su propio hijo?
   - ¿Puedes comprender lo que Dios siente por ti cuando te recibe en su familia y te elige para ser su hijo?

Tómate tiempo para agradecerle a Dios lo que te ha revelado acerca de su persona. Escúchalo mientras habla a tu corazón en el transcurso de los próximos días y semanas. Deja que estas verdades de las Escrituras obren en lo profundo de tu corazón y de tu identidad.

CAPÍTULO 7

Otras influencias

Todos nos criamos en un mundo que nos resultó, en ocasiones, apático y cruel. Dios nos ama a cada uno, completa e incondicionalmente; sin embargo, las personas a veces nos hacen sentir que nadie nos ama. Dios nos valora tanto que envió a su Hijo a morir por nosotros; las palabras y las acciones de otras personas pueden hacernos sentir inútiles y, como resultado, nuestro retrato subjetivo se resiente.

Mientras crecía, mi padre no fue la única influencia que forjó la percepción de mi identidad, hubo otros factores igualmente influyentes: la gente de la escuela, la cultura y la religión. Estos tres factores también afectaron tu autorretrato subjetivo y, en algunos casos, como yo descubrí, su influencia resultó ser más negativa que positiva.

El impacto de la escuela

Soy zurdo, pero en segundo grado mi maestra intentó hacerme usar mi mano derecha. Se sentaba a mi lado en una mesa llena de ladrillos de juguete y me decía: «Construye una casa con estos ladrillos.» Luego se paraba a observarme. Si extendía mi mano izquierda, me pegaba con una regla y me decía: «Detente y planéalo bien. Hazlo con la derecha.» Estaba aterrorizado y confundido. Solo estaba haciendo algo natural y se me castigaba con severidad. ¿Pueden imaginarse cómo esta experiencia coloreó mi autorretrato? Comencé a creer que era defectuoso, que tenía una falla de fábrica.

Esta experiencia traumática hizo que desarrollara un trastorno en el habla. Cuando sentía miedo, ansiedad o cansancio, generalmente en la escuela, tartamudeaba. Me avergonzaba tartamudear. En quinto grado tuve que memorizar y recitar de memoria la *Proclama de Gettysburg*. Estaba tan nervioso cuando me paré para hacerlo que comencé a tartamudear. Delante de toda la clase, mi maestra me exigía: «¡Dilo! ¡Dilo! ¡Deja ya de tartamudear, y dilo!» Me sentí tan humillado delante de mis amigos que corrí fuera de la clase, llorando.

Mis padres solo estudiaron hasta segundo grado y, por lo tanto, nunca aprendieron gramática. Por consiguiente, yo tampoco pude aprender mucha gramática en casa. Si mis profesores de inglés alguna vez me explicaron la importancia de utilizar correctamente la gramática, no lo recuerdo. De todos modos, en la escuela no me fue mal. Sin embargo, en la universidad mi gramática casera no me sirvió de mucho y, nuevamente, hice el ridículo con mis profesores. Tenía vergüenza de hablar en clase. Cierto día, en el primer año de inglés, la profesora me preguntó:

—¿Dónde está Bob?

—No se siente bueno —le contesté.

Delante de toda la clase, la profesora me corrigió:

—Señor McDowell, querrá decir que: «Bob no se siente *bien*.»

La miré perplejo, preguntándome qué trascendencia podía tener la diferencia. ¡Me daba lo mismo decir que no se sentía bueno! Estas experiencias solo sirvieron para reforzar la percepción de que era un ser humano inferior.

Bryan tuvo una experiencia similar en la escuela, pero una de sus maestras lo ayudó a revertir ese proceso en su vida. Se había criado en un hogar infeliz. Su madre abandonó la familia siendo él muy niño. Como su padre era militar y se ausentaba regularmente de su casa, Bryan pasó la mayor parte de su niñez y juventud con sus abuelos. Abandonado por sus padres, sentía que nadie lo amaba ni lo quería.

Sus primeros años en la escuela fueron una desgracia. Se comportaba mal para llamar la atención y, entonces, lo encasillaron:

era un chico con problemas. Bryan hizo honor a esa etiqueta. Cierta vez, al comienzo del grado, la nueva maestra de la clase, muy inteligente, estaba esperándolo a la entrada del salón. Lo miró fijo a los ojos y le dijo: «He oído hablar mucho de ti, Bryan, pero ¡no creo una palabra de lo que dicen!» Fue un momento decisivo en su vida, recuerda Bryan. Alguien lo valoraba y confiaba en él. Alguien creía en él. Si tuviste la bendición de contar con maestros, entrenadores, abuelos, o cualquier otro adulto importante, que te trató como la maestra de Bryan, tu sentido de identidad resultó beneficiado.

La influencia negativa de los maestros y compañeros puede contrarrestar la influencia positiva que el niño recibe en su hogar. Consideremos el caso de la niña pelirroja que en su casa le decían que era encantadora. El primer día de clase, una compañera la llamó «Cabeza de Zanahoria»; otro compañero la llamó «Pecosa». Estaba abatida por la manera como sus nuevos amigos ridiculizaban lo que ella creía que era un hermoso atributo. Consideremos otro caso: el niño al que sus padres cariñosos le han asegurado que es capaz, pero que en la escuela lo consideran torpe y lento porque su coordinación motriz no está tan desarrollada como la de sus compañeros.

Los niños pueden ser crueles con otros niños. Tienden a agrandar cualquier pequeño defecto o tacha y a hacer de ello un tremendo asunto. Los sobrenombres que ponen y las bromas que gastan pueden estropear el retrato interno que los padres han protegido con celo. ¿Quién, de niño, no fue alguna vez blanco de las bromas o víctima de los comentarios malvados por parte de los que se decían nuestros amigos? Todos esos desaires, todos los comentarios crueles, fueron desgastando nuestro retrato subjetivo, haciéndonos dudar de nuestro valor intrínseco. Debemos cambiar nuestra percepción para adaptarla a la visión de Dios.

Yo soy una prueba viviente de que Dios puede transformar un retrato interno estropeado por el maltrato y la negligencia de maestros y compañeros. Después de convertirme, fui a estudiar a Wheaton College, una escuela universitaria cristiana. Cuanto más crecía en la fe, más luchaba contra el desafío de entregarme completamente al Señor. Resistía el reto porque creía que ello me obligaría a dedicarme al ministerio cristiano, lo que para mí implicaba una sola cosa: hablar en público. En aquel tiempo, mis dificultades de gramática y mi tartamudez todavía eran muy evidentes. Por consiguiente, me parecía que entregarle «todo» a Dios era darle muy poco que pudiera usar.

Finalmente dije: «Dios, no creo que tenga talento para hablar en público ni otros dones que puedas usar en el ministerio. Cuando estoy nervioso, tartamudeo; mi inglés es espantoso; con todas estas limitaciones, ¿acaso me puedes querer en el ministerio? Pero, si puedes aceptar estas limitaciones y hacer algo con ellas, te serviré el resto de mi vida.»

En las manos de Dios, que no conoce limitaciones, mis debilidades se han convertido en fortalezas. He tenido el privilegio de hablar de Cristo a millones de personas en más de la mitad de los países del mundo. Pude superar mis limitaciones una vez que comencé a verme como Dios me miraba en lugar de aferrarme al retrato que había heredado de mis padres, mis maestros y mis compañeros.

Después de todos estos años, todavía tengo que esforzarme para hablar y escribir correctamente. Siempre que tengo que hablar frente a una multitud o comenzar un nuevo libro, estoy consciente tanto de mis limitaciones como de la gracia de Dios. Pero ya no me siento intimidado por los obstáculos que tan amenazadores parecían al comienzo de mi vida cristiana. Dios ha transformado mi sentido de identidad. No soy una producción defectuosa. No soy un tartamudo inútil. Soy un querido hijo de Dios, redimido por la sangre de Cristo, y capacitado por el Espíritu para su servicio. Hoy puedo decir con total franqueza: «Gracias, Dios, por los padres que me diste y la infancia que tuve.» Las dificultades que enfrenté cuando crecía me han ayudado también a ser lo que hoy soy. Me puedo identificar con las palabras de aliento de Pablo en Filipenses 1:6: «El que comenzó tan buena obra en ustedes la irá perfeccionando hasta el día de Cristo Jesús.»

> *Dios ha transformado mi sentido de identidad. No soy una producción defectuosa. No soy un tartamudo inútil. Soy un querido hijo de Dios, redimido por la sangre de Cristo, y capacitado por el Espíritu para su servicio.*

El impacto de una cultura impersonal

Imagínate la escena: Darlene llega a casa del trabajo a las seis menos cuarto de la tarde, recorre la casa saludando: «¡Hola! Muchachos, ya llegué.» Casey, de catorce años, le musita un saludo desde su habitación: está muy ocupado jugando en su computadora. Darlene sabe que su hija Edie, de once años, está en casa porque puede escuchar su video favorito resonando en la habitación. Se cambia de ropa rápidamente y se pone una camisa y pantalones vaqueros. Ya en la sala familiar, abre su computadora portátil para terminar algunos asuntos de negocios, mientras escucha la música que sale de la consola.

Joel, el esposo de Darlene, llega media hora después. Fue su turno recoger la cena, y trae comida china ya preparada. Coloca las cajas humeantes sobre la mesa de la cocina y saca cuatro juegos de plato y tenedor. Cuando regresa, después de cambiarse de ropa, solo queda un plato y las cajas están por la mitad. Joel se sirve un plato y se sienta con Darlene en la sala familiar. Apaga la música y enciende el televisor para escuchar las noticias; sube el volumen lo suficiente para ahogar el ruido del juego de computadora y el video de las habitaciones de sus hijos, a donde ya han vuelto con platos bien servidos de «pollo *kung pao*» y «camarones *lo mein*». Darlene, entre bocado y bocado, teclea en la computadora, echa un vistazo a las noticias, y charla un poco con Joel.

Casey sale de su habitación solo para cargar el lavavajillas y guardar la comida que sobró: su tarea semanal. Regresa a su habitación para hacer algunos deberes antes de retomar su juego de computadora. Edie enciende su computadora para buscar información sobre Betsy Ross en Internet, pero se distrae con sus amigas de la red, a quienes no conoce personalmente, pero con quienes «charla» todas las noches.

Cuando Darlene termina de trabajar en la computadora, Joel se conecta a la red para revisar su correo electrónico y sus inversiones. Darlene recorre las habitaciones de sus hijos para mirar cómo están, y luego se acomoda para ver sus programas de televisión favoritos. Joel se entretiene haciendo treinta y seis hoyos de golf en la computadora. Entre las diez y las once y media, apagan todas las computadoras, los televisores, las consolas de video y la música: la familia se apronta para acostarse. Mañana a la noche será casi igual; la única diferencia será que le corresponderá a Darlene encargarse de traer algo para la cena.

Esta escena puede ser muy diferente a la que tuviste en tu hogar, pero se asemeja a lo que sucede en un gran número de hogares en la actualidad. Hace una o dos generaciones, la cultura era un círculo de influencia que se mantenía fuera del ámbito de la familia y de la iglesia. Los niños crecían bastante resguardados de la inmoralidad, la pornografía, la violencia y el secularismo porque esos vicios quedaban fuera del marco del hogar. Hoy, el mundo se ha instalado en nuestras salas, habitaciones familiares y dormitorios a través del cable, la televisión vía satélite y la Internet. Cualquier cosa que tú o tus hijos quieran mirar o escuchar en nuestra cultura, aun en el terreno de la pornografía y el ocultismo, está disponible con solo apretar un botón o pulsar el ratón de la computadora.

Incluso en los hogares cristianos, donde los padres controlan la televisión y el acceso a la red de Internet, la cultura ejerce su influencia masiva en los niños. Las comedias, programas y películas para todo público, los programas educacionales y sitios en la red, ingresan a nuestros hogares con una perspectiva secular. Gracias a las salas de «charla» y el correo electrónico, nos conectamos con personas cuyos valores pueden ser contrarios a los nuestros. La cultura mundana, que antes podíamos mantener a una distancia prudente, ahora cohabita con la familia promedio estadounidense. Posiblemente hayas crecido mientras esta transición sutil e insidiosa tenía lugar.

Independientemente de cuánto te haya afectado la cultura durante tu crecimiento, esta cultura no cristiana influyó en la percepción de tu identidad. Junto con tus padres y otros adultos influyentes en tu vida, la cultura te transmitió quién eras. No obstante, la imagen que la cultura tiene de ti y la que tiene Dios son tan distintas como el día y la noche. La cultura no cristiana, inevitablemente, solo puede transmitir valores no cristianos. En nuestra cultura, amamos a la gente y la valoramos según sus condiciones, en lugar de hacerlo incondicionalmente. El mundo se fija en las personas hermosas, con una buena educación, físicamente en forma, exitosas y adineradas, y les resta importancia o pasa por alto a las personas que no tienen un cuerpo de atleta, un empleo en una oficina o una cuenta bancaria abultada.

Por ejemplo, supongamos que Celeste, una contadora profesional de veintiocho años, creció mirando casi toda la televisión que quería. De niña, se pasaba horas mirando los dibujos animados; de adolescente, miraba las comedias y seriales; de joven, las telenovelas y videos «para adultos». Mientras miraba esos programas, durante todos esos años, también absorbía, literalmente, horas y horas de propaganda comercial. Concurría a la iglesia y profesaba la fe cristiana, pero no tenía tiempo para cultivar una vida de devoción porque estaba demasiado obsesionada con la televisión.

¿Qué mensaje sobre su identidad le transmitían los medios de comunicación a Celeste? En los primeros años de la adolescencia, sencillamente se dio cuenta de que quizás nunca tendría un novio en serio, mucho menos un esposo amante y cariñoso. Con un cuerpo grande y siempre pasada de peso, sabía que no podría competir con las modelos que protagonizaban las películas, los programas televisivos y los avisos comerciales. Las «chicas grandotas» son cómicas, no románticas. No es nada inverosímil que Celeste se mirara a sí misma como los medios de comunicación la concebían: nada atractiva y nada encantadora. Por ello, tenía que esforzarse para creer que Dios la amaba, dificultando así su crecimiento cristiano y su testimonio. Celeste estaba tan desesperada por recibir afecto que cayó en la promiscuidad con otro «inadaptado»: un hombre con quien nunca pensaría en casarse.

Así como los rayos ultravioletas que afectan la piel expuesta al sol, la cultura ha dejado su marca en el concepto que tienes de ti. Quizá te «quemaste» por haberte expuesto demasiado, como le sucedió a Celeste. Quizá te criaste en un hogar no cristiano donde nadie censuraba los valores no cristianos ni las prácticas impías, y ahora tienes un sentido tergiversado de tu valor para Dios. O, posiblemente, te criaste en un ambiente cristiano y la exposición a esta cultura no fue tan grave, pero sí lo suficiente para desdibujar tu retrato subjetivo. Si tu percepción subjetiva refleja cómo te mira el mundo, eres un candidato para la transformación.

El impacto de la experiencia religiosa

Puede parecer un contrasentido decir que tu experiencia religiosa cristiana haya contribuido adversamente en la percepción de tu identidad. Después de todo, ¿qué mejor lugar para descubrir cómo Dios nos mira que aquel donde se enseña su Palabra y su pueblo se congrega? Por desgracia, no todos los maestros y los líderes espirituales transmiten con fidelidad cuánto nos valora Dios.

Al iniciar la secundaria, Tom comenzó a participar con sus amigos de las actividades del grupo de jóvenes en la iglesia. Esta iglesia en particular era muy liberal en cuanto a su interpretación de las Escrituras y la deidad de Cristo. Por lo tanto, la primera impresión que tuvo del cristianismo estuvo teñida por este punto de vista. Él aprendió que era producto de un proceso de evolución, que «Dios» era más una fuerza que una persona, y que Dios lo amaba y valoraba tanto como él se amaba y valoraba a sí mismo. En lo que a Tom se refería, el evangelio consistía en eso. Solo después de conocer, de adulto, a un grupo fervoroso de cristianos evangélicos, se dio cuenta de que su primera experiencia religiosa no tenía nada de cristiana. Nunca había entendido el concepto que Dios tenía de él. La evaluación que Tom hacía de su persona requería una transformación radical.

Janet se educó en una escuela cristiana que, muy orgullosamente, basaba sus enseñanzas en la Biblia. Aprendió los diez mandamientos de memoria cuando estaba en primer grado. La maestra les repetía, hasta el cansancio, que debían obedecer a Dios porque de lo contrario, él los castigaría. El legalismo y la justificación basada en las obras eran evidentes en todo el programa de Biblia de la escuela. Janet creció con una visión torcida de Dios y de su persona. Mientras cumpliera las normas y sus obligaciones cristianas, Dios la amaba y la cuidaba; pero si flaqueaba, Dios se volvería en su contra. Dios la amaba cuando obedecía. Dios la valoraba cuando rendía. Le dijeron que así era el mensaje de la Biblia, ¿cómo dudar, entonces, de su validez? La presión por amoldarse a estas normas finalmente la destruyó. En la adolescencia, Janet se rebeló contra la iglesia, su familia cristiana y el Dios que ella suponía poco podría interesarse en una sierva tan imperfecta como ella.

La Biblia nos revela claramente cómo nos mira Dios. Dios nos ama por ser personas creadas a su imagen. Valemos tanto para él, que sacrificó a su Hijo para redimirnos. Lamentablemente, sin embargo, algunas iglesias y líderes cristianos interpretan mal la imagen de Dios: destacan algunas facetas de su carácter y restan importancia a otras. En el caso de Janet, el énfasis implacable en la rectitud y la obediencia cristianas opacó la compasión, el perdón y el amor incondicional de Dios. Se miraba a sí misma como una pecadora en manos de un Dios airado, intentando, desesperada pero infructuosamente, estar a la altura de los estándares divinos.

Mi propósito no es hacerte dudar de tu iglesia, tu pastor o tu líder de estudio bíblico. La mayoría de las iglesias y los líderes evangélicos procuran, con oración, «[proclamar] todo el propósito de

Dios» (Hechos 20:27). Pero las iglesias y los líderes no son perfectos. La percepción de tu verdadera identidad puede estar obscurecida como resultado de algún descuido de los orientadores espirituales que te enseñaron o transmitieron la doctrina. Tu experiencia religiosa puede haberte dejado con un retrato que requiere ser transformado.

En el transcurso de tu historia personal, las personas y las circunstancias te han estado diciendo quién eres. Tu verdadero sentido de identidad puede estar a años luz o ser muy semejante a la idea que Dios tiene de ti, según hayan sido las fuentes y la validez bíblica de esos mensajes. Para adaptar tu retrato interno al que Dios tiene de ti, comienza a mirarte a través de sus ojos.

PARA TENER UNA IDEA LÚCIDA DE TU IDENTIDAD

En primer lugar, para comprender quién eres debes entender quién es Dios y conocer lo que siente por ti. Reflexiona sobre las siguientes verdades sobre Dios. Tómate un tiempo para escribir tus respuestas a las preguntas en un cuaderno o en un diario.

1. *Dios es verdad.* Leemos en el Salmo 31:5: «Líbrame, SEÑOR, Dios de la verdad.»
   - ¿Qué significa que Dios sea la verdad?
   - ¿Qué significa que Dios, que es la verdad, y que no puede mentir, te diga que eres digno de ser amado, eres valioso y competente?

2. *Dios es sabio.* Leemos en Romanos 16:27: «Al único sabio Dios, sea la gloria para siempre por medio de Jesucristo.»
   - ¿Qué significa que Dios sea sabio?
   - ¿Qué significa que Dios, el único sabio, te ame como eres, piense que eres valioso por ser quien eres y te capacite, solo porque eres su hijo?

En segundo lugar, para comprender quién eres necesitas prestar atención a lo que Dios dice que *eres*. Escucha la voz de Dios hablándote:

1. *Dios dice: «No te condeno.»* Leemos en Romanos 8:1: «Por lo tanto, ya no hay ninguna condenación para los que están unidos a Cristo Jesús.»
   - Toma este versículo y hazlo tuyo: «Pertenezco a Dios; por ende, no me condena.»
   - ¿Qué significa pertenecer a Dios y que, por lo tanto, eres completamente libre de condenación?
   - ¿Puedes comprender lo que Dios siente por ti cuanto te promete que no te condenará?

2. *Dios dice: «Somos amigos.»* Leemos en Juan 15:15: «Ya no los llamo siervos, porque el siervo no está al tanto de los que hace su amo; los he llamado amigos, porque todo lo que a mi Padre le oí decir se lo he dado a conocer a ustedes.»
   - Toma este versículo y hazlo tuyo: «Soy amigo de Cristo. Me cuenta todo lo que su Padre le cuenta.»
   - ¿Qué significa ser amigo de Dios: no simplemente su creación, sino su amigo?
   - ¿Puedes comprender lo que Dios siente por ti cuando te considera su amigo?

Tómate tiempo para agradecerle a Dios lo que te ha revelado acerca de su persona. Escúchalo mientras habla a tu corazón en el transcurso de los próximos días y semanas. Deja que estas verdades de las Escrituras obren en lo profundo de tu corazón y de tu identidad.

TERCERA PARTE

La base de tu verdadera identidad

Capítulo 8

El fundamento de la verdadera identidad

Susan trabajaba a tiempo completo en el ministerio cristiano, pero su trabajo le resultaba cada vez más difícil de sobrellevar. El sentimiento de no ser la persona idónea para cumplir con las exigencias del liderazgo que tenía que asumir la tenía paralizada. Se sentía demasiado fuera de lugar en una organización cristiana, como si no estuviera a la altura de los estándares morales de sus colegas. Estaba convencida de que si alguien se enteraba de su pasado, la despedirían.

Después de varias consultas con su consejero cristiano, Susan pudo finalmente hablar sobre las actividades repulsivas que había realizado antes de convertirse en cristiana. Confesó todo: el profundo dolor, el temor y la angustia que había sepultado en su alma después de numerosas relaciones sexuales ilícitas, un aborto y una relación homosexual. Su conducta había cambiado radicalmente después de su conversión, pero su retrato interno había permanecido intacto. Dios la había redimido y perdonado, pero ella se consideraba moralmente en bancarrota, y su pobre sentido de identidad entorpecía su crecimiento y su ministerio.

Susan representa a muchas personas que he conocido. Han entregado sus vidas a Cristo, pero no parecen avanzar en la vida cristiana. Se sienten derrotadas y desanimadas después de haber hecho casi lo imposible por mejorar: oran cada vez más largo y tendido, son activas en muchas obras cristianas, se comprometen a intentar ser mejores; sin embargo, siguen «patinando», sin poder progresar, y no saben el porqué.

A mi entender, las personas como Susan están frustradas porque tratan los síntomas en lugar de atacar las causas de su enfermedad. Es como remodelar una casa vieja cuyos cimientos están agrietados y derrumbándose. Es posible arreglar la casa para hacerla habitable pintando y empapelando las paredes, colocando nuevas alfombras y comprando hermosos muebles. No obstante, el piso y el cielo raso seguirán combándose, y las paredes acabarán por desplomarse si no se reconstruyen los cimientos.

En tal sentido, para crecer en la vida cristiana debemos tener vidas consagradas al estudio bíblico y la oración, sin descuidar la participación en el servicio cristiano y el testimonio de nuestra fe; pero tus esfuerzos por progresar se frustrarán si no puedes mirarte con los ojos de Dios: tienes un cimiento endeble. No eres el resultado de lo que haces; por lo tanto, no puedes *abrirte paso* para lograr un sentido de identidad más exacto. Lo que haces resulta de lo que eres. Si deseas que tu actividad como discípulo de Cristo sea significativa, debes conseguir una imagen más lúcida de tu identidad.

LAS TRES COLUMNAS DEL FUNDAMENTO

¿Qué constituye el fundamento de tu verdadera identidad? En el capítulo tres ya mencioné tres columnas: eres digno de ser amado, eres valioso y eres competente. En los capítulos restantes deseo ayudarte a consolidar estas tres columnas fundamentales para que, literalmente, te transformen. Solo cuando puedas considerarte como Dios te considera podrás experimentar la plena satisfacción y disfrutar la paz para la que él te creó.

Columna 1: Eres digno de ser amado. Si te criaste sintiéndote dejado de lado, no querido, despreciado o hasta odiado, debes entender que quienes te transmitieron esa imagen estaban equivocados. Dios te creó a su imagen y te ama como a su propio hijo. Dios no comete errores. Si te ama, y no cabe ninguna duda de que te ama, te amará por toda la eternidad. Es fundamental que te concibas como digno de ser amado: esa es la imagen que Dios tiene de ti.

Columna 2: Eres valioso. Si alguien alguna vez te dijo que eras inútil o que no eras importante, esa persona estaba equivocada. Dios entregó a su querido Hijo para reconciliarse contigo. Si Dios pagó ese rescate fue porque tu valor es incalculable. Es fundamental que entiendas que eres valioso: esa es la imagen que Dios tiene de ti.

Columna 3: Eres competente. Quizá fuiste siempre el último en terminar una tarea importante o el último a quien elegían para integrar el equipo de béisbol. Como resultado, te consideras incompetente e irresponsable, crees que nadie podría confiar en ti. Puedes no ser el más talentoso, pero Dios te ha dado dones y te ha encargado el supremo ministerio de ser luz en este mundo. Si Dios te confió esa tarea de repercusión eterna, es porque eres plenamente competente. Es fundamental que entiendas que eres competente: esa es la imagen que Dios tiene de ti.

Transformar tu sentido de identidad es cuestión de aceptar y actuar en concordancia con lo que ya es cierto.

Cuanto más te concibas como digno de ser amado, valioso y competente, más capacitado estarás para enfrentar la vida y sus avatares. No se trata de pensar positivamente. No pretendo que «visualices» esos rasgos fundamentales hasta que se hagan carne en ti. *Ya te aman, eres valioso y eres capaz.* Así te creó Dios.

Transformar tu sentido de identidad es cuestión de aceptar y actuar en concordancia con lo que ya es cierto. En la medida en que estas tres columnas se consoliden en tu conciencia, estarás mejor preparado para soportar las dificultades, los traumas y las tragedias que forman parte de la vida humana.

Eres digno de ser amado: te aceptan

Los padres de Linda la dejaron abandonada en la puerta de un desconocido cuando era pequeña, y fue criada por padres adoptivos. Creció creyendo que nadie la amaba. Como su verdadera madre la había abandonado, Linda sentía que nadie la quería ni la amaba. Esa falta de aceptación debilitaba su sentido de identidad.

Todos necesitamos sentirnos aceptados. Nos sentimos aceptados cuando los demás, por voluntad propia, nos brindan afecto, nos aceptan y respetan, y nos dan su aprobación. Nos sentimos aceptados cuando sabemos que, seamos lo que seamos, contamos con el amor incondicional de otro. Muchos sicólogos están de acuerdo en creer que el amor es, por sí solo, el factor más importante para desarrollar una personalidad saludable.

El mundo está lleno de personas como Linda, personas que han sufrido muchísimo la falta de amor incondicional. Sin embargo, en mayor o menor grado, todos nos hemos sentido poco aceptados. El amor que recibimos fue imperfecto, porque las personas que nos amaban eran imperfectas. Todos hemos experimentado, no cabe duda, un amor condicionado y una aceptación acotada: «Te amo porque...» o «Te amaré siempre y cuando...» Estos mensajes suponen que la aceptación está en función del desempeño. Vivimos bajo el peso de la inquietud de que si no obramos en conformidad con determinados estándares, no nos amarán. El amor condicionado frustra nuestro deseo de ser aceptados.

Para transformar esta percepción errónea: ¿quién sería capaz de amarme?, y adaptarla a la imagen que Dios tiene de nosotros, comencemos por revertir el proceso que dio origen a esa idea. Por ejemplo, como Linda cree que nadie la acepta, está extremadamente necesitada de afecto. Para conseguirlo, precisa cultivar relaciones sanas con sus parientes y amigos, relaciones donde pueda brindar y recibir afecto a través de palabras, hechos y expresiones de cariño. De modo similar, debe buscar situaciones donde estar con gente que la acepten tal como ella es, la respeten como persona, y estén conformes con ella. En ese ambiente podrá confirmar la realidad hasta ahora oculta: la aman y es merecedora del afecto, la aceptación, el respeto y la aprobación de los demás. Más adelante, en el capítulo diez, «Un nuevo sentido del amor», analizaremos cómo transformar un sentido de aceptación empobrecido.

ERES VALIOSO: TE VALORAN

Jim está en la cúspide de su profesión. Ha escrito muchos libros y brinda conferencias sobre su campo de actividad en diversas partes del mundo. Posee un automóvil deportivo muy caro, es dueño de una enorme casa en las afueras de la ciudad y ofrenda con generosidad para su iglesia y otras obras caritativas. Todos creen que es muy exitoso y muy seguro de sí mismo.

No obstante, cuando lo conocemos más a fondo, nos damos cuenta de que es vacilante e inseguro. Esta misma inseguridad es responsable de su éxito. Pero también es causa de su angustia, porque su esposa está amenazándolo con divorciarse si no deja su obsesión por el trabajo.

Jim tiene un error de identificación. Cree que si no fuera por sus logros profesionales no valdría nada. De niño, la vida en su hogar era impredecible y muchas veces dolorosa. Su padre, un alcohólico, le pegaba sin ningún motivo aparente. Cuando su madre no estaba en la ciudad, su padre lo llevaba a la taberna y lo dejaba encerrado en la camioneta. A menudo, no regresaba hasta el amanecer. Hasta llegó a vender la bicicleta de Jim para obtener dinero con que comprar bebidas alcohólicas. Él nunca podía prever lo que haría su padre. En la adolescencia, decidió protegerse de esa clase de inseguridad y ser tan exitoso y rico como pudiera.

La mayoría de los niños idealizan a sus padres, los colocan en un pedestal y los consideran perfectos. Los niños se sienten culpables cuando sus padres no les brindan el amor, la seguridad, la atención y el consuelo que necesitan. Razonan del siguiente modo: «Mamá y papá no pueden equivocarse; por lo tanto, si yo valiera, ellos me amarían. Como no me aman, debe ser que no merezco su amor y cuidado.» En consecuencia, al igual que Jim, los niños ansiosos de amor y atención utilizan sus logros fuera del hogar para compensar el sentimiento de sentirse poco valorados.

Estamos rodeados de personas como Jim. Creen que su valor intrínseco es mínimo porque alguien, efectivamente, les dijo que eran inútiles como seres humanos. Este mensaje se infiere con claridad cuando los padres no satisfacen las necesidades de seguridad, atención y consuelo de sus hijos. Los padres que maltratan o no atienden debidamente a sus hijos, crían niños convencidos de que no merecen el cuidado de nadie. Los niños que no recibieron la atención afectiva que necesitaban de sus padres, se sienten poco importantes. Cuando los niños están tristes o frustrados y las figuras adultas no los consuelan, sienten que no valen mucho. Al igual que Jim, estos niños serán adultos con un retrato subjetivo rotulado «sin valor».

Para poder reconstruir esta columna fundamental, debemos atender las necesidades que no fueron satisfechas durante nuestro desarrollo. Las personas como Jim necesitan la compañía de creyentes que, con cariño, les brinden la debida seguridad, atención y consuelo. Analizaremos esta estrategia con más detalle en el capítulo 11, «Un nuevo sentido de la valoración».

Eres competente: confían en ti

Dios nos creó con determinadas habilidades y aptitudes. Cualquier ser humano puede decir: «Puedo contribuir con algo provechoso. Sé hacer algo.» Puedes estar preguntándote: «¿Qué de un hemipléjico?, ¿y las víctimas de daño cerebral?, ¿y las personas en estado de coma? ¿Qué pueden hacer?» Las personas con alguna incapacidad física pueden usar sus mentes. Las personas con incapacidad mental también pueden hacer algunas tareas útiles. Y hasta las personas con incapacidad física y mental tienen la capacidad particular de estimular a otros al servicio y la asistencia social. Esta columna de la verdadera identidad encuentra su punto culminante, por supuesto, en la vida del creyente, que cuenta con el don divino del ministerio espiritual.

Lo ideal sería que los niños crecieran con un sano sentido de idoneidad. El aliento, el apoyo y el reconocimiento de padres cariñosos los estimulan a intentar nuevas cosas y a superar las dificultades. Les contamos el cuento de *The Little Engine That Could* [La pequeña locomotora que sí pudo] y los niños se convencen: «Creo que puedo. Creo que puedo.» Con una base sólida de estímulo y apoyo, los niños aprenden el valor de la perseverancia, teniendo éxito en algunos campos y esforzándose por mejorar en otros.

Los padres desempeñan un papel importante en el desarrollo de este sentido de capacidad. Piensa en los bebés cuando aprenden a caminar. Con la ayuda de sus padres, dan sus primeros pasos, se tambalean y se caen. Sus padres aprecian el esfuerzo y los estimulan. Los pequeños lo intentan de nuevo; dan algunos pasos más, y se vuelven a caer. Los padres sonríen, aplauden y les dicen: «¡Bien hecho! ¡Puedes hacerlo!» Al poco tiempo los pequeños caminan de aquí para allá.

¿Qué pensarías de aquel padre que desanima a su hijo cuando comienza a caminar? El bebé se incorpora, sus piernas apenas lo sostienen, y su padre lo vuelve a sentar, diciéndole: «Nunca aprenderás a caminar, así que ni lo intentes.» ¿Quién sería tan cruel de coartar los esfuerzos de un niño por caminar?» Es impensable. Sin embargo, muchos niños crecen con este tipo de estímulo negativo.

Sin respaldo positivo, el hijo pierde el ánimo y se descorazona.

Sonny, de ocho años, no tenía muchos dotes atléticas, pero le encantaba el béisbol. Practicaba hora tras hora, lanzando una pelota de tenis contra la puerta del garaje. Después lanzaba la pelota hacia arriba para practicar atraparla. Cuando no encontraba su pelota de tenis, utilizaba un limón arrancado del árbol de su jardín. Le pedía a su padre que jugara a la pelota con él, pero su padre solo accedía muy de vez en cuando, y sin mucho entusiasmo.

Cuando Sonny cumplió nueve años, le pidió a su padre que lo llevara al parque, a los partidos de selección para las ligas menores. Estaba tan entusiasmado con la posibilidad de poder jugar que sus tiros de práctica no fueron muy buenos. Antes de acabar la práctica para la selección, su padre le dijo: «Vamos, Sonny; vámonos a casa. No sirves para jugar al béisbol.»

La frágil confianza que Sonny tenía en su capacidad limitada se frustró. Le llevó muchos años recuperar algún sentido de idoneidad. Ya es un adulto, pero todavía duda de su capacidad.

Cuando los padres no estimulan ni apoyan los esfuerzos de sus hijos, los niños crecen con un sentido limitado de su capacidad. Cuando lo adultos no reconocen los esfuerzos de los niños, estos se preguntan si habrán hecho algo malo. Sin respaldo positivo, pierden el ánimo y se descorazonan.

La gente suele compensar un pobre sentido de aceptación o una baja autoestima, sobresaliendo en una actividad para la que es idónea.

Amanda, de veinte años, es una mujer atractiva que lidia con su falta de confianza en sí misma. Esta falta de confianza se originó en la rivalidad que tenía con su hermana Mary. Para sus padres, Mary siempre hacía las cosas bien, mientras que nunca parecían estar contentos con Amanda. Amanda llegó a la conclusión de que era incompetente e incapaz, de lo contrario, sus padres la amarían tanto como a su hermana. Ya es una mujer adulta, pero todavía se considera así. Piensa que los demás la rechazarán si comete un error; por ende, es renuente a intentar cosas nuevas.

Sonny, Amanda y las personas como ellos, sufrieron la pérdida de su legítimo sentido de capacidad; todavía hoy padecen como consecuencia de esa pérdida. Para transformar este fundamento de su identidad, necesitan el estímulo, el apoyo y el reconocimiento de sus esfuerzos. Analizaremos más estas necesidades y cómo saciarlas en el capítulo 12, «Un nuevo sentido de la capacidad».

Dios nos creó dignos de ser amados, valiosos y competentes. Si estas columnas de nuestra verdadera identidad no se consolidaron en la niñez, durante los años del desarrollo, y las personas que nos criaron y educaron no colmaron las necesidades vitales asociadas a estas columnas, quizá carguemos con una imagen distorsionada de nuestra identidad. En nuestra cultura, las personas suelen compensar un pobre sentido de aceptación o una baja autoestima sobresaliendo en una actividad para la que son idóneas. Pueden convertirse en adictas al trabajo, en un intento desesperado por ganar el amor y la aprobación que nunca tuvieron en sus vidas.

Independientemente de la dificultad que hayas encontrado para tener una representación lúcida de quién eres, necesitas una transformación. Los siguientes capítulos te ayudarán a recorrer este proceso.

PARA TENER UNA IDEA LÚCIDA DE TU IDENTIDAD

En primer lugar, para comprender quién eres debes entender quién es Dios y conocer lo que siente por ti. Reflexiona sobre las siguientes verdades acerca de Dios. Tómate un tiempo para escribir tus respuestas a las preguntas en un cuaderno o en un diario.

1. *Dios es bueno.* En el Salmo 86:5 leemos: «Tú, SEÑOR, eres bueno y perdonador; grande es tu amor por todos los que te invocan.»
   - ¿Qué significa que Dios sea bueno?

- ¿Qué significa que este Dios bueno, que de ninguna manera puede engañarte, te ame?

2. *Dios es justo.* En el Salmo 119:137 leemos: «SEÑOR, tú eres justo, y tus juicios son rectos.»
   - ¿Qué significa que Dios sea justo y recto?
   - ¿Qué significa que este Dios justo te valore y te considere competente?

En segundo lugar, para comprender quién eres necesitas prestar atención a lo que Dios dice que *eres*. Escucha la voz de Dios hablándote:

1. Dios dice: «Tú eres precioso.» En Isaías 43:4 leemos: «Te amo y eres ante mis ojos precioso y digno de honra.»
   - Toma este versículo y hazlo tuyo: «Dios me considera precioso. Me ama y me considera digno de honra.»
   - ¿Qué significa ser precioso para Dios?
   - ¿Puedes comprender lo que Dios siente por ti al considerarte digno de honra?

2. *Dios dice: «Te perdono.»* En Efesios 1:7 leemos: «En él tenemos la redención mediante su sangre, el perdón de nuestros pecados, conforme a las riquezas de la gracia.»
   - Toma este versículo y hazlo tuyo: «Dios es tan compasivo que me ha perdonado todo. La sangre de Jesús me ha lavado.»
   - ¿Qué significa que Dios te haya perdonado?
   - ¿Puedes comprender lo que Dios siente por ti que tanto te amó que compró tu perdón al precio de la sangre de su Hijo unigénito?

Tómate tiempo para agradecerle a Dios lo que te ha revelado acerca de su persona. Escúchalo mientras habla a tu corazón en el transcurso de los próximos días y semanas. Deja que estas verdades de las Escrituras obren en lo profundo de tu corazón y de tu identidad.

CAPÍTULO 9

El proceso de transformación

Cuando acepté a Cristo como mi Salvador, la percepción subjetiva de mi persona no se transformó automáticamente. No disfruté de una victoria inmediata sobre mi pasado. El proceso de cicatrización fue largo y un poco desalentador.

Sin embargo, cuando confié en Cristo, recibí el Espíritu Santo, que me ha ayudado a sanar las viejas heridas y a restaurar mi verdadera identidad. Desde ese momento he vivido un proceso de crecimiento, aprendiendo a mirarme con los ojos de Dios y a proceder en conformidad. Los cambios positivos que hoy veo en mí me parecen increíbles. Pero todavía, luego de todos estos años, el proceso continúa. Y continuará hasta el día de mi muerte.

Lo mismo es cierto en tu caso.

En el momento de tu conversión, Cristo te convierte en una nueva persona. A partir de ese momento, comienza el proceso para entender cuál es tu verdadera identidad. Pablo nos dice: «Por lo tanto, si alguno está en Cristo, es una nueva creación. ¡Lo viejo ha pasado, ha llegado ya lo nuevo!» (2 Corintios 5:17).

Si te pareces a mí, preferirías que algunas de las circunstancias de tu pasado hubieran cambiado. Por ejemplo, mi niñez con un padre alcohólico y todos mis recuerdos, no se esfumaron cuando me convertí a Cristo. Quizás tú también tengas algunas experiencias que preferirías que desaparecieran porque afectan negativamente el concepto que tienes de ti y de la vida.

Pero la novedad a la que alude Pablo es de naturaleza espiritual: describe los cambios internos que, en las primeras semanas y meses después de nuestra conversión, comienzan a suceder cuando emprendemos el crecimiento espiritual. Mis padres, mis maestros, mis compañeros y la cultura que forman parte de mi historia no cambiaron; pero mi interpretación de esas influencias experimentó un cambio gradual. Tu experiencia quizá sea semejante. Si te criaste con un padre violento, no puedes regresar a la niñez y revivirla con un padre cariñoso. El pasado está encerrado en el pasado; no puedes regresar en el tiempo y cambiarlo.

Quítenle las vendas

Si bien el Espíritu Santo realiza la obra transformadora inicial, Dios ha decidido enviar a otros creyentes para que nos ayuden en el proceso. La historia de cómo Jesús reaccionó cuando murió Lázaro es una ilustración del proceso de transformación.

Cuando Jesús llegó al sepulcro de su difunto amigo Lázaro, gritó: «¡Lázaro, sal fuera!» (Juan 11:43). Obedeciendo a su Señor, resucitó el hombre que hacía cuatro días que había muerto. Lázaro comenzó una vida nueva.

A Lázaro lo habían envuelto en un sudario, empapado con especies para conservar el cadáver. Las palabras de Jesús atravesaron las vendas, le infundieron vida nueva al cuerpo, y Lázaro salió del sepulcro, envuelto como una momia.

Pero al salir del sepulcro, Lázaro ya no necesitaba esas vendas: eran definitivamente un estorbo para cualquier actividad. Entonces Jesús les dijo a sus parientes y amigos: «Quítenle las vendas y dejen que se vaya» (Juan 11:44). Sus parientes y amigos lo ayudaron a deshacerse de las vendas, lo liberaron para permitirle experimentar su vida nueva.

Cuando Cristo lo llamó, todavía estaba envuelto con las vendas. Hubo un *proceso*: a Lázaro le quitaron las vendas después de resucitar.

Esta historia ilustra el proceso de transformación que ocurre en nuestras vidas. Cuando nos convertimos en cristianos, Cristo nos da vida nueva. Es como si nos dijera: «¡Sal fuera! Deja atrás tu existencia vieja y muerta. Ven a disfrutar la vida nueva que tengo preparada para ti. ¡Resucita!» Cristo es el iniciador de la nueva vida. Su poder pone en marcha el proceso de transformación.

Pero, al igual que Lázaro, emergemos del sepulcro de nuestro pasado cubiertos con vendas, envueltos por las influencias negativas de nuestra familia, los maestros y nuestros compañeros, inmovilizados por un autorretrato imperfecto. La invitación de Cristo atraviesa las vendas, aquellas cosas que nos sujetan, y comenzamos efectivamente una vida nueva, pero las vendas que nos cubren no nos permiten caminar bien. Necesitamos librarnos de esa percepción subjetiva imperfecta y deshacernos de las influencias negativas.

El Señor podría haber permitido que Lázaro mismo se deshiciera de sus vendas, como una manifestación del poder divino, pero no lo hizo. Cristo prefirió involucrar a las personas que conocían a Lázaro. Les dijo a sus amigos y parientes: «Quítenle las vendas. Participen ustedes del proceso y libérenlo de las vendas. ¡Ayúdenlo en el proceso de transformación!» Lo mismo hace Cristo con nosotros. Continúa el proceso de transformación trayendo otros creyentes a nuestras vidas, personas que nos aman lo suficiente para ayudarnos a mirarnos con los ojos de Dios. Más adelante, en el capítulo 13, «La búsqueda de un entorno propicio para la transformación», analizaremos la importancia que tienen otros creyentes en el proceso de la transformación.

Descubre quién eres

No basta con tener presente que la transformación se trata de un proceso iniciado por el Espíritu Santo y asistido por otros creyentes, también es importante comprender otra dinámica fundamental: No nos convertimos en una nueva persona por cambiar nuestro comportamiento; descubrimos la persona que ya somos en Cristo y vivimos en conformidad con ella.

Reflexionemos por un instante sobre las dos partes de esta afirmación. *No nos convertimos en una nueva persona por cambiar nuestro comportamiento*. A muchos cristianos recién convertidos se los exhorta a comenzar a *hacer* cosas para activar el proceso de crecimiento espiritual. Consejeros muy bien intencionados desafían a los recién convertidos a estudiar la Biblia, memorizar versículos, concurrir a la iglesia tan seguido como les sea posible, testificar a otros, y reemplazar las costumbres viejas y pecaminosas por hábitos piadosos. En nuestro afán por ver a los nuevos creyentes afianzados en la fe, damos a entender que las actividades espirituales transformarán su identidad espiritual.

No nos convertimos en una nueva persona por cambiar nuestro comportamiento: descubrimos la persona que ya somos en Cristo y vivimos en conformidad con ella.

No quiero que se me interprete mal. Estoy totalmente a favor del estudio de la Biblia, de la asistencia a la iglesia y del testimonio de nuestra fe. Sin embargo, la activa participación en estas actividades vitales no es de por sí transformadora. Consideremos la segunda parte de esta importante afirmación: *descubrimos la persona que ya somos en Cristo y vivimos en conformidad con ella.* Dios no nos amará, valorará y considerará competentes por estudiar la Biblia, asistir a la iglesia y testificar. *Ya* tiene ese concepto de nosotros porque eso es lo que realmente somos. No nos *ganamos* nuestra identidad como hijos amados de Dios: *somos* los hijos amados de Dios. Darnos cuenta de esa verdad nos permitirá vivir en conformidad y actuar en consecuencia.

Mi amigo, David Ferguson, se convirtió a Cristo cuando tenía algo más de veinte años. Los líderes cristianos, con la mejor de las intenciones, lo animaron inmediatamente a dedicarse al estudio bíblico para ayudarlo a crecer en la fe. Le dieron material a montones para desafiarlo a escudriñar porciones de las Escrituras y así permitirle descubrir promesas que reclamar, pecados que evitar y mandamientos que obedecer. Era un proyecto de estudio muy completo, y David se metió en él de corazón, pasando horas y horas escarbando en la Biblia.

Pero al cabo de unas pocas semanas, David estaba agotado. Estaba tan atareado buscando versículos para «crecer» que había perdido de vista el propósito mismo del ejercicio. Entonces dejó a un lado los libros de estudio y prestó más atención a conocer personalmente al Dios de la Biblia, el Dios que tan maravillosamente lo había salvado. Esta búsqueda lo condujo nuevamente a la Palabra, pero su motivación era completamente distinta. En lugar de escudriñar sus páginas para *convertirse en* alguien, ahora leía la Palabra para captar el sentir de aquel que lo había hecho alguien.

> *Desarrollemos una relación estrecha con Dios para mirarnos tal y como él nos mira.*

David es hoy una de las personas más conocedoras de la Palabra. Pero lo que es más importante: está más íntimamente en contacto con el Dios de la Palabra que la mayoría de los líderes cristianos. Él aprendió muy pronto que lo primordial para el crecimiento cristiano es conocer a Dios para poder mirarnos a través de sus ojos.

Cada uno debe integrarse a este proceso para discernir su verdadera identidad. La transformación de un sentido imperfecto de identidad en una representación más fiel de lo que somos en Cristo es resultado de ser alguien, y no de hacer cosas. Desarrollemos una relación estrecha con Dios para mirarnos tal como él nos mira. Leeremos, aprenderemos de memoria y meditaremos sobre la Biblia porque, antes que nada, queremos conocer el sentir de Dios. Cuanto más discernimos el sentir de Dios, más comprendemos que para él somos dignos de ser amados, valiosos y competentes.

Para conocer el sentir de Dios

La Biblia nos muestra la verdad de nuestra identidad. En sus páginas Dios nos da a conocer su sentir acerca de lo que somos. Si lo que tú piensas o sientes con respecto a ti mismo no se ajusta a la descripción de la Biblia, padeces un error de identificación. La transformación de tu retrato interno está ligada, de manera inseparable, a tu creciente entendimiento de la verdad bíblica con respecto a tu persona.

Scott, de treinta y cuatro años, se convirtió a Cristo cuando estudiaba en la universidad; sin embargo, no ha dejado de sentirse culpable desde entonces. De adolescente, Scott mantuvo una relación homosexual secreta con un hombre mayor. Después de confiar en Cristo, Scott cambió su estilo de vida porque sabía que la homosexualidad es un pecado según las Escrituras. Pero Scott no puede eludir el sentimiento de que Dios todavía lo condena por su pecado pasado. Se siente como un cristiano de segunda, y cree que Dios nunca podrá confiarle un ministerio importante por causa de su error en la adolescencia. Como resultado, se siente derrotado la mayor parte del tiempo.

«Por lo tanto, ya no hay ninguna condenación para los que están unidos a Cristo Jesús» nos declara Romanos 8:1. ¿Quién tiene un cuadro exacto de la verdadera identidad de Scott? ¿Scott, que se considera condenado y de poco valor, o Dios, que ha perdonado a Scott de su pecado y ya no lo condena? ¡Dios!, por supuesto. En Romanos 8:1 vemos la actitud de Dios con respecto a Scott: él ha sido perdonado, está limpio. El sentido imperfecto de identidad de Scott solo comenzó a cambiar a medida que la verdad de Romanos 8:1 transformó el concepto que él tenía de sí mismo.

Tendremos muchas dificultades para entender cómo Dios nos considera sin la ayuda de la Palabra de Dios. Es como aquel regalo insólito que le hicieron a un hombre por su cumpleaños. Como a este hombre le encantaban los rompecabezas, un amigo le compró dos rompecabezas, pero intercambió las tapas de las respectivas cajas, para gastarle una broma. El hombre se sintió completamente frustrado cuando intentó armar el primer rompecabezas. Usando la tapa como guía, no podía encontrar ningún sentido a las piezas dentro de esa caja. El segundo rompecabezas le resultó igual de difícil, hasta que su amigo le explicó lo que había hecho.

Igual frustración experimentamos si intentamos entender nuestra identidad utilizando una «tapa equivocada» como guía. Si nuestros sentimientos, juicios y experiencias personales son el criterio para definirnos, «armar» nuestra verdadera identidad nos resultará difícil. La Palabra de Dios debería ser nuestra guía. Cuanto más a tono estemos con la imagen de Dios, más fácil será armar las piezas de nuestra vida para que concuerden con esa imagen. Debemos usar la imagen correcta de lo que somos, la Biblia, si queremos experimentar la transformación que necesitamos.

¿Quién es Dios?

Para mirarnos con los ojos de Dios es fundamental que conozcamos quién es Dios. La descripción de Dios en las páginas de las Escrituras nos revela lo que él siente por nosotros. Cuanto más aprendemos acerca de Dios, más comprendemos por qué nos ama, nos valora y nos considera competentes.

Reflexiona sobre los siguientes atributos de Dios según las Escrituras. Cada faceta de su carácter en esta lista te ayudará a comprender mejor por qué nos considera de ese modo.[1] Podrás reconocer algunas de estas afirmaciones de las preguntas que formulamos al final de cada capítulo para ayudarte a descubrir lo que el Dios de amor de veras siente por ti.

---

[1] Adaptado de Linda Rany-Wright, *Staying on Top When Things Go Wrong* [Para estar siempre en la cima, incluso cuando las cosas salgan mal], Tyndale, Wheaton, IL, 1983.

- Dios es el rey del universo (Salmo 24:8; 1 Crónicas 29:11; 2 Crónicas 20:6). Todas las circunstancias de tu vida están en sus manos. Él dirige tu vida.
- Dios es recto (Salmo 119:137). Solo hará lo que sea bueno para ti. No puede pecar contra ti.
- Dios es justo (Deuteronomio 32:4). Siempre será justo contigo.
- Dios es amor (1 Juan 4:8). Quiere que siempre tengas lo mejor en la vida.
- Dios es eterno (Deuteronomio 33:27). El plan de Dios para tu vida trasciende el tiempo, es eterno.
- Dios conoce todas las cosas (2 Crónicas 16:9; Salmo 139:1-6). Conoce todo sobre ti, el pasado y el presente, y sabe cómo hacer que todo redunde para bien, incluso tus peores experiencias.
- Dios está en todas partes (Salmo 139:7-10). No puedes escaparte, él siempre te cuidará.
- Dios lo puede todo (Job 42:2). Dios puede hacer todo lo necesario para cumplir su propósito en tu vida.
- Dios es verdad (Salmo 31:5). Dios no te puede engañar.
- Dios no cambia (Malaquías 3:6). Dios no cambia de humor. Puedes confiar en él.
- Dios es fiel (Salmo 33:4; Éxodo 34:6). Puedes creer que él hará lo que dice.
- Dios es santo (Apocalipsis 15:4). Cualquier cosa que haga en tu vida estará en armonía con su carácter santo.

¿Quién eres tú según Dios?

La Biblia también nos revela lo que Dios dice de tu persona. Nos revela lo que siente por ti. Los elementos de identidad que señalamos en lo que resta de este capítulo son de veras tuyos desde el mismo momento en que confiaste en Cristo como tu Salvador y Señor. «Todos fuimos bautizados por un solo Espíritu para constituir un solo cuerpo» (1 Corintios 12:13). En el momento de la salvación, todos fuimos bautizados en Cristo, el fundamento de nuestra nueva identidad.

Los primeros dos capítulos de la epístola a los Efesios contienen una dosis concentrada de tu verdadera identidad como nueva criatura en Cristo. Los siguientes pasajes describen nuestra situación en Cristo. Fíjate en esto: estas afirmaciones de la Palabra de Dios ya son ciertas en tu caso porque estás en Cristo; forman parte de tu identidad; son independientes de tu desempeño como creyente. Las presento en primera persona para que puedas leer y releer esta lista tantas veces como quieras, para que tu percepción concuerde con la que Dios tiene de ti.

- Me bendijo en las regiones celestiales con toda bendición espiritual en Cristo (Efesios 1:3)
- Me escogió en él antes de la creación del mundo, para que sea santo y sin mancha delante de él (1:4)
- Me predestinó para ser adoptado como hijo suyo por medio de Jesucristo (1:5)
- Tengo la redención mediante su sangre (1:7)
- Tengo el perdón de mis pecados (1:7)
- Me selló en Cristo con el Espíritu Santo (1:13)

Hay una verdad que Pablo quiere que entendamos: gracias a nuestra situación en Cristo, grandes cosas se hacen realidad en nosotros. Por eso ora: «Pido también que les sean iluminados los ojos del corazón para que sepan a qué esperanza él los ha llamado, cuál es la riqueza de su gloriosa herencia entre los santos, y cuán incomparable es la grandeza de su poder a favor de los que creemos» (Efesios 1:18-19). Dios es el primer interesado en que nos miremos como él nos mira.

Pablo luego continúa describiendo la resurrección y ascensión de Cristo, y que ahora está sentado a la derecha del Padre (lee Efesios 1:20-23). Más adelante nos dice que Dios nos resucitó y nos hizo sentar con él, al lado del Padre (lee Efesios 2:6). En el segundo capítulo continúa describiendo al creyente desde la perspectiva de Dios. Nuevamente, presento estas afirmaciones en primera persona:

- Tengo vida con Cristo (2:5)
- Dios me resucitó con Cristo (2:6)
- Estoy sentado con Cristo en las regiones celestiales (2:6)
- Soy salvo por su gracia (2:8)
- Soy hechura de Dios (2:10)
- Tengo acceso al Padre por el Espíritu (2:18)

Además de esta dosis concentrada que encontramos en Efesios 1 y 2, la Palabra de Dios tiene abundantes descripciones de cómo nos mira Dios. La lista a continuación son otras afirmaciones que reflejan tu verdadera identidad. Repítelas en voz alta tan seguido como te sea posible. Medita sobre estas verdades en el transcurso de la semana para que Dios pueda usarlas para iluminar tu verdadero autorretrato.[2]

- Tengo paz con Dios (Romanos 5:1)
- Soy hijo de Dios (Juan 1:12)
- El Espíritu Santo habita en mí (1 Corintios 3:16)
- Tengo acceso a la sabiduría de Dios (Santiago 1:5)
- Dios me ayuda (Hebreos 4:16)
- Tengo la reconciliación con Dios (Romanos 5:11)
- No tengo ninguna condenación (Romanos 8:1)
- He sido justificado (Romanos 5:1)
- Tengo la justicia de Dios (Romanos 5:19; 2 Corintios 5:21)
- Soy embajador de Cristo (2 Corintios 5:20)
- Tengo el perdón de pecados (Colosenses 1:14)
- Dios me ama con amor eterno (Jeremías 31:3)
- Soy el aroma agradable de Cristo para Dios (2 Corintios 2:15)
- Soy templo de Dios (1 Corintios 3:16)

[2] Parte de esta lista ha sido adaptada de Neil T. Anderson, *Victory Over the Darkness* [Victoria sobre las tinieblas] Regal Books, 1990, pp.45-47, 57-59.

- Soy intachable e irreprochable (Colosenses 1:22)
- Soy la sal de la tierra (Mateo 5:13)
- Soy la luz del mundo (Mateo 5:14)
- Soy una rama de la vid de Cristo (Juan 15:1, 5)
- Soy amigo de Cristo (Juan 15:15)
- Cristo me ha elegido para que lleve fruto (Juan 15:16)
- Soy coheredero con Cristo, y tendré parte con él (Romanos 8:17)
- Estoy unido al Señor, somos un solo espíritu (1 Corintios 6:17)
- Soy miembro del cuerpo de Cristo (1 Corintios 12:27)
- Soy santo (Efesios 1:1)
- Mi vida está escondida con Cristo en Dios (Colosenses 3:3)
- Soy escogido de Dios, santo y amado (Colosenses 3:12)
- Soy hijo de la luz (1 Tesalonicenses 5:5)
- Tengo parte en el llamamiento celestial (Hebreos 3:1)
- Dios me santificó (Hebreos 2:11)
- Soy una de las piedras vivas de Dios, con la cual se está edificando una casa espiritual en Cristo (1 Pedro 2:5)
- Soy linaje escogido, real sacerdocio, nación santa, pueblo que pertenece a Dios (1 Pedro 2:9-10)
- Estoy arraigado y edificado en Cristo (Colosenses 2:7)
- He nacido de Dios y el maligno no me puede tocar (1 Juan 5:18)
- Tengo la mente de Cristo (1 Corintios 2:16)
- Puedo acercarme a Dios con libertad y confianza (Efesios 3:12)
- Dios me libró del dominio de Satanás y me trasladó al reino de Cristo (Colosenses 1:13)
- Tengo plenitud en Cristo (Colosenses 2:10)
- Tengo el espíritu de poder, de amor y de dominio propio (2 Timoteo 1:7)
- Dios me ha hecho preciosas y magníficas promesas (2 Pedro 1:4)

- Mi Dios proveerá todo lo que necesite (Filipenses 4:9)

¿Puedes mirar con más claridad lo que Pablo quería decir cuando afirmaba que eras una nueva creación en Cristo? Una de las claves para la transformación de tu sentido de identidad es reconocer que algo magnífico tuvo lugar en tu vida cuando depositaste tu confianza en Cristo. En palabras de Pablo, ahora llevas puesta «la nueva naturaleza, que se va renovando en conocimiento a imagen de su Creador» (Colosenses 3:10).

En principio, aunque muchos de ellos sean cristianos, no eres lo que tus padres, tus maestros o tus amigos dicen que eres. No eres tampoco producto de tus experiencias religiosas, aunque muchas de ellas sean positivas. De ningún modo eres lo que la cultura mundana dice que eres. Eres, ni más ni menos, lo que Dios dice que eres. Cuanto más repases, repitas en voz alta e interiorices la imagen verbal que Dios presenta de ti en las Escrituras, más podrás crecer y asemejarte a esa imagen.

Eres, ni más ni menos, lo que Dios dice que eres.

En los siguientes tres capítulos, analizaremos cómo puede contribuir a la transformación de tu retrato interior el profundizar en el conocimiento práctico de Dios el Padre, Jesucristo el Hijo y el Espíritu Santo.

PARA TENER UNA IDEA LÚCIDA DE TU IDENTIDAD

En primer lugar, para comprender quién eres debes entender quién es Dios y conocer lo que siente por ti. Reflexiona sobre las siguientes verdades acerca de Dios. Tómate un tiempo para escribir tus respuestas a las preguntas en un cuaderno o en un diario.

1. *Dios es tu seguridad.* Leemos en Deuteronomio 33:12: «Que el amado del SEÑOR repose seguro en él, porque lo protege todo el día y descansa tranquilo entre sus hombros.»
   - ¿Qué significa que Dios te ama y que puedes reposar seguro en él?
   - ¿Qué significa que Dios te permite descansar tranquilo entre sus hombros?
2. *Dios es inmutable.* Leemos en el Salmo 102:27: «Pero tú eres siempre el mismo, y tus años no tienen fin.»
   - ¿Qué significa que Dios sea siempre el mismo, siempre predecible?
   - ¿Qué significa que Dios, que te amaba cuando te creó, hoy te considere digno de ser amado, valioso y competente?

En segundo lugar, para comprender quién eres necesitas prestar atención a lo que Dios dice que *eres*. Escucha la voz de Dios hablándote:

1. *Dios dice: «Eres irreprochable.»* Leemos en Colosenses 1:22: «A fin de presentarlos santos, intachables e irreprochables delante de él.»
   - Toma este versículo y hazlo tuyo: «Como Jesús murió por mí, soy irreprochable e intachable y puedo presentarme delante de Dios.»
   - ¿Qué significa que Dios te valore tanto que permitió que su Hijo perfecto muriera para que tú pudieras ser irreprochable?
   - ¿Puedes comprender lo que Dios siente por ti al presentarte limpio?
2. *Dios dice: «Te libré de la oscuridad y te trasladé al reino de Dios.»* Leemos en Colosenses 1:13: «Él nos libró del

dominio de la oscuridad y nos trasladó al reino de su amado Hijo.»
- Toma este versículo y hazlo tuyo: «Dios me ama tanto que me libró del dominio de la oscuridad y me trasladó al reino de su amado Hijo.»
- ¿Qué significa que Dios te haya librado del reino de la oscuridad?
- ¿Puedes comprender lo que Dios siente por ti cuando te trasladó al reino de su amado Hijo?

Tómate un tiempo para agradecerle a Dios lo que te ha revelado acerca de su persona. Escúchalo mientras habla a tu corazón en el transcurso de los próximos días y semanas. Deja que estas verdades de las Escrituras obren en lo profundo de tu corazón y de tu identidad.

CUARTA PARTE

En concordancia con la percepción de Dios

Capítulo 10

Un nuevo sentido del amor

Tu relación personal con Dios es la puerta de entrada para comprender tu verdadera identidad. La relación con Dios el Padre fortalece tu sentido de aceptación y te enseña que el amor de Dios es incondicional. La relación con Jesucristo el Hijo desarrolla tu sentido de valoración y te enseña que Dios te valora. La relación con el Espíritu Santo fortalece tu sentido de idoneidad y te enseña que eres útil para Dios. Estas son las tres piedras fundamentales de tu identidad como hijo de Dios, amado, valioso y competente. En los siguientes tres capítulos las exploraremos con mayor detalle.

AMOR CONMOVEDOR

Todos necesitamos que alguien nos ame y nos acepte, es una necesidad humana básica. Podemos saber, con el intelecto, que nos aman. Después de todo, la Biblia declara el amor de Dios por nosotros. Es muy posible también que alguna persona muy íntima y muy querida, uno de tus padres, tu novio o tu novia, tu cónyuge, uno de tus hijos o una amistad muy querida, te haya dicho estas palabras mágicas: «Te amo.» Pero no basta con escuchar que nos aman. ¿Puedes *sentirte* amado? La aceptación se siente solo cuando percibimos el amor con el intelecto y con las emociones.

Medita sobre las afirmaciones de las Escrituras detalladas en el capítulo anterior. ¿Te resulta conmovedor leer esas afirmaciones sobre lo que eres por obra de Dios? Por ejemplo, sabes que Dios te ama porque en Juan 1:12 lees que cuando recibiste a Cristo, Dios te hizo su hijo. Puedes hacer una exégesis de ese pasaje bíblico, estudiando el original griego y analizando todos los matices de cada palabra. *Conocer* el versículo al dedillo es muy útil, pero ese conocimiento no implica que hayas *experimentado* el amor de Dios. ¿Qué sientes cuando comprendes que Dios, el creador del universo, desea establecer una relación estrecha y familiar contigo? ¿Qué emociones te produce comprender que Aquel que existe desde siempre y para siempre desea llamarte su hijo o su hija y te pide que lo llames «*Abba*, Padre» (Romanos 8:15).

Dios no te necesita, de ningún modo, para culminar su vida o satisfacer sus necesidades. Que des un paso en la fe en Cristo no obliga a Dios a realizar nada que no quiera hacer. Él te ama porque ha decidido amarte. Te acoge en sus brazos como a un hijo muy amado porque, lisa y llanamente, quiere que seas su hijo. ¿Qué emociones despierta en ti esta realidad?

Te diré lo que a mí me produce. Me hace sentir humilde, apreciado y cuidado. «¿Me eliges a mí?» le pregunto a Dios con sorpresa. «Tú conoces todo sobre mí: mi pecado pasado, presente y futuro; mis debilidades, mi falta de fe, mi ocasional falta de amor, y ¿todavía quieres que sea tu hijo? Parece demasiado bueno para ser cierto. Sin embargo, tú eres Dios, entonces, ¡debe *ser* verdad!» Cuanto más permito que el amor de Dios se apodere de mi corazón, más amplio será mi sentido de aceptación. En la medida en que Dios colma esta necesidad elemental de mi vida, me miro desde otra perspectiva.

Compara lo conmovedora que es esta emoción con otras manifestaciones de «amor» en tu vida. Puedes haberte criado en un hogar donde las personas decían que te amaban, o el amor estaba implícito, porque tus padres proveían el alimento y el abrigo. Pero este amor ¿fue más allá de las palabras y los gestos mecánicos, te hizo sentir amado, deseado y aceptado? El amor que presuntamente había en tu hogar, ¿hizo vibrar las fibras más íntimas de tu corazón?

Hace muy poco, Dottie y yo asistimos a una conferencia celebrada por David y Teresa Ferguson. Entre la concurrencia estaban Carla y su esposo. Durante una discusión en un pequeño grupo sobre el tema de los antecedentes familiares, Carla describió su relación con su madre y su padre como corriente. Pero, a medida que amablemente, David y Teresa indagaron más, las respuestas de Carla pintaron un cuadro muy distinto.

Carla recordó que su madre casi nunca la escuchaba. Llegaba de la escuela entusiasmada, con noticias para contarle, pero su madre estaba demasiado ocupada preparando la cena y no podía prestar atención a sus confidencias infantiles. Cuando viajaban en coche juntas, Carla trataba de conversar, pero su madre no manifestaba mucho interés en las actividades de Carla; no la escuchaba o hablaba de lo que ella quería. Todavía hoy, Carla ha llegado a una conclusión: las necesidades de su madre son el centro de las conversaciones entre madre e hija. En gran medida, la relación de Carla con su madre no ha sido recíproca.

David, con mucha agudeza, acotó que la relación de Carla con su madre era más bien distante que corriente. La madre de Carla insistía en que amaba mucho a su hija; pero el egocentrismo y la falta de atención de su madre, en especial cuando era una niña, hicieron que Carla nunca se sintiera aceptada en su hogar, y asimiló ese sentimiento creyendo que no era amada del todo.

Se continuó con el tema, y con lágrimas en los ojos Carla nos reveló que su padre, un trabajador incansable, la había acariciado indebidamente de niña. Cariñosamente, Teresa corrigió a Carla: la relación con su padre no había sido corriente sino abusiva. Un padre amante suple las necesidades de los hijos; sin embargo, el padre de Carla injustamente la usó para satisfacer sus propias necesidades. Eso explicaba por qué la relación de Carla con sus padres, al parecer buena, la había dejado reclamando amor y aceptación.

Quizá tú también seas un adulto con el mismo dolor. Tus padres o tutores proveyeron debidamente todo lo necesario para tu crecimiento físico, pero no se brindaron de modo tal que pudieras conmoverte y convencerte de su amor y aprecio. Como resultado, todavía te cuesta aceptar la realidad de que hay personas que te aman y te aceptan. Para transformar tu sentido de identidad, debes consolidar esta piedra fundamental de quién eres.

Quien más te conoce, más te ama

No hay aspecto más importante del pensamiento y el sentir de Dios hacia ti que su amor incondicional y aceptación. El apóstol Juan, que se llamó a sí mismo «el discípulo a quien Jesús amaba» (Juan 13:23), escribió: «En esto consiste el amor: no en que nosotros hayamos amado a Dios, sino en que él nos amó y envió a su Hijo para que fuera ofrecido como sacrificio por el perdón de nuestros pecados (1 Juan 4:10). Dios no te ama por nada de lo que hayas hecho, ¡te ama! y punto.

> *Dios no te ama por nada de lo que hayas hecho; ¡te ama! y punto.*

Este es el punto de partida del proceso de transformación. Demasiado a menudo perdemos de vista esta verdad. Antes de que confiaras en Cristo, Dios te amaba tanto como te ama ahora (lee Romanos 5:8; 8:38-39). Jesús nos enseñó el alcance de su amor cuando dijo: «Así como el Padre me ha amado a mí, también yo los he amado a ustedes. Permanezcan en mi amor» (Juan 15:9). Resulta asombroso pensar que Cristo nos ama tanto como el Padre lo ama a él. Si es muy difícil entender este amor con la mente, mucho más es experimentarlo de corazón.

Muchas personas, en la actualidad, tienen dificultad para recibir el amor incondicional de Dios y de los demás porque se criaron recibiendo amor sujeto a condiciones. La expresión: «Te amo» estuvo siempre ligada a «siempre y cuando...» o a «porque...». Esa fue la experiencia de Rick. Rick, un creyente, estaba de visita en casa de su amigo cristiano Bart. Durante la visita, Bart puso su mano sobre el hombro de Rick y le dijo:

—No sé si te lo dije alguna vez, pero realmente te amo, Rick.

Era la expresión sentida y sencilla del amor incondicional que Bart sentía hacia su amigo.

En lugar de recibir la calidez de la expresión, Rick reaccionó:

—¿Qué quieres?

Sin comprender, Bart le contestó:

—No quiero nada. ¿De qué hablas?

Rick no le contestó y al cabo de un rato se fue a su casa. Más tarde, regresó a casa de Bart para pedirle perdón por su respuesta desconsiderada.

—No estoy acostumbrado a que me amen sin pedirme nada a cambio —le explicó—. Mis padres me decían que me amaban solo cuando querían que sacara mejores calificaciones o que cambiara mi comportamiento.

Algunas personas le responden a Dios de la misma manera que Rick le contestó a Bart:

—¿Qué quieres?

Esta respuesta generalmente refleja que nadie las amó incondicionalmente durante su desarrollo. El amor de Dios no nos pone condiciones. Por supuesto, él espera una respuesta amante y obediente de nuestra parte, pero nos amará tanto si se la damos como si no se la damos.

Otras personas creen que deben negociar con Dios para recibir su amor incondicional. Razonan del siguiente modo: «Necesito poner en orden mi vida antes de que puedas aceptarme tal como soy.» Dios les responde «Ya te acepté tal como eres. La prueba está en que envié a mi Hijo a morir por ti, cuando estabas perdido en el pecado» (lee Romanos 5:8).

No hay ningún fundamento bíblico para argumentar que debemos hacer algo en particular para que Dios pueda aceptarnos. Pablo escribió: «Porque por gracia ustedes han sido salvados mediante la fe; esto no procede de ustedes, sino que es el regalo de Dios; no por obras, para que nadie se jacte» (Efesios 2:8-9). Dios no nos acepta en función de nuestras buenas obras o actitudes, ni por nada de lo que hayamos hecho por él. Él nos ama sin ponernos condiciones, gracias a lo que *él* ha hecho. Su obra adquiere valor personal cuando depositamos nuestra confianza en Cristo y lo aceptamos como Salvador y Señor. Las Escrituras dicen: «Mas a cuantos lo recibieron, a los que creen en su nombre, les dio el derecho de ser hijos de Dios» (Juan 1:12).

Dios siempre espera lo mejor de cada uno; siempre espera que triunfemos. Pero cuando fallamos, su aceptación no corre riesgo porque no está en juego. No nos reprende. Nunca nos dice: «Te lo advertí.» Él permite que las consecuencias de nuestros actos nos enseñen y nos disciplina con amor cuando pecamos. Nos acepta dondequiera que estemos y obra junto con nosotros y a través de nosotros para estimular nuestro crecimiento; aun cuando sabe que volveremos a fallar una y otra vez.

> *Dios no nos acepta en función de nuestras buenas obras o actitudes, ni por nada de lo que hayamos hecho por él.*

AMADOS Y ACEPTADOS, AUNQUE VAYAMOS POR LA SENDA EQUIVOCADA

La siguiente anécdota, extraída de los anales del *Rose Bowl*, el campeonato interuniversitario de fútbol americano, sirve para ilustrar lo que significa que alguien confíe en nosotros y nos acepte incondicionalmente.

En 1929, un jugador de fútbol de la Universidad de California, Roy Riegels, hizo historia en ese campeonato. Hacia el final del primer tiempo del partido robó la pelota al equipo de Georgia Tech y corrió hacia la línea de gol: la línea de gol *equivocada*. Un jugador de su equipo lo derribó justo antes de cruzar la línea. El error de Riegels hubiera representado seis puntos para el equipo contrario.

El equipo de Riegels hizo un saque desde su línea. Georgia Tech detuvo el tiro y logró dos puntos a su favor, lo que hizo la diferencia con la que luego habría de ganar el partido.

Durante el descanso, los jugadores del equipo de la Universidad de California se dirigieron desalentados al vestuario. Riegels se dejó caer en un rincón, enterró su cara entre las manos y lloró desconsoladamente. Price, el entrenador, no dio instrucciones durante el descanso. ¿Qué podría haber dicho? Mientras el equipo se aprontaba para jugar el segundo tiempo, su único comentario fue:

—Señores, el mismo equipo que jugó el primer tiempo comienza jugando el segundo tiempo.

Los jugadores enfilaron hacia la puerta, menos Roy Riegels. El entrenador se dirigió al rincón donde se encontraba Roy y le preguntó muy despacio:

—¿Escuchaste lo que dije, Roy?

Y luego le repitió las instrucciones que le había dado al equipo.

—No puedo, señor —dijo Roy, abatido—. He echado todo a perder: a usted, a la universidad, y a mi vida. No puedo enfrentarme a ese estadio y salir con vida.

El entrenador apoyó su mano sobre el hombro del jugador.

—Arriba, Roy. A jugar. Queda todavía medio partido por jugar.

La confianza que le infundió su entrenador hizo que Roy Riegels saliera al campo nuevamente. Después del partido, los jugadores de Georgia Tech decían que nunca habían visto jugar a alguien tan bien como jugó Riegels en el segundo tiempo.

El entrenador Price es un reflejo de la actitud que Dios tiene hacia nosotros cuando nos acepta. Cometemos errores. A veces corremos en el sentido contrario. Tropezamos, caemos y huimos de Dios, avergonzados. Pero él se acerca y nos dice: «Vamos, levántate, sigue jugando; el partido va por la mitad.» Eso es amor incondicional. Al recibir y disfrutar ese amor, tendrás una idea más clara de que eres digno de un amor incondicional.

Piensa en lo que sucedió cuando confiaste en Cristo como tu Salvador y cuando Dios te aceptó como su hijo: naciste de nuevo (lee Juan 3:3-5; 1 Pedro 1:23); te convertiste en heredero de Dios (lee Efesios 1:13-14; Romanos 8:17); Dios te adoptó en su familia (lee Efesios 1:5); Dios derramó su amor en tu corazón (lee Romanos 5:5); ahora eres uno con Cristo y nada te apartará de él (lee Juan 17:23; Gálatas 2:20; Hebreos 13:5); nada te apartará del amor de Dios (lee Romanos 8:38-39); tienes la eternidad asegurada con Dios en un lugar que tiene preparado para ti (lee Juan 14:1-4); perteneces a una nueva familia y gozas de su beneplácito por toda la eternidad (lee 1 Corintios 12:13, 27).

A la luz de todo lo que Dios ha hecho para demostrar su amor incondicional, ¿por qué no te puedes considerar digno de ser amado? Si Dios te ama, es porque eres digno de ser amado. Que Dios te ame, sin ponerte condiciones, a pesar de tus defectos y tus fracasos, debería ser motivo suficiente para que te aceptes.

Si no puedes aceptarte tal como eres, aceptar tus limitaciones así como tus capacidades, tus debilidades así como tus fortalezas, tus defectos y tus aptitudes, también tendrás dificultad para permitir que los demás te acepten tal como eres. Siempre levantarás una fachada para ocultar tu verdadero ser. Piensa que vivir una mentira es más difícil que vivir con transparencia, incluso cuando esto implique que los demás a veces vislumbren lo peor de ti. La iglesia, hoy en día, necesita más que nunca que los cristianos pongan en práctica la exhortación bíblica: «Acéptense mutuamente, así como Cristo los aceptó a ustedes para gloria de Dios» (Romanos 15:7). Podremos vivir en conformidad con esta exhortación siempre y cuando nos miremos como Dios nos mira: totalmente dignos de ser amados.

VIDA EN FAMILIA

Si hay alguien que puede disfrutar sentirse aceptado, es un hijo de

Dios; perteneces a Dios, formas parte de su familia. El apóstol Juan escribió: «¡Fíjense qué gran amor nos ha dado el Padre, que se nos llame hijos de Dios! ¡Y lo somos!» (1 Juan 3:1). Tan pronto como Juan escribió «hijos de Dios», debe haber hecho una pausa para meditar sobre esta verdad, porque concluye la idea con una exclamación. Si Juan todavía viviera, lo expresaría en estos términos: «¡Vaya! ¡Somos *de veras* hijos de Dios! ¡Qué increíble!»

Algunos cristianos pueden decir: «Pero solo somos hijos *adoptados* en la familia de Dios.» Parecería ser que el hecho de que Dios nos haya adoptado nos hiciera sentir como herederos de segunda clase.

Siempre me ha llamado la atención como un padre en particular, Dick Day, un viejo amigo, concibe la adopción. Dick y su esposa, Charlotte, después de criar a sus cinco hijos biológicos, fueron a Corea y adoptaron a Jimmy. Dick nos explica: «Ese pequeño Jimmy es mi hijo. Tiene los mismos derechos y privilegios que nuestros otros cinco hijos. Le corresponde igual parte de nuestra herencia, tiempo y amor.»

Esta afirmación de Dick hizo que comprendiera mejor el lugar que ocupamos en la familia de Dios. Dios nos ha adoptado, pero también nos declaró «herederos de Dios y coherederos con Cristo» (Romanos 8:17). Esto implica que tenemos partes iguales en la herencia de Cristo. Dios nos considera del mismo modo que Dick considera a Jimmy.

¿Entiendes esta verdad efectivamente? ¿Al aprehender esta maravilla has exclamado: «¡Vaya! ¡Soy de veras un hijo de Dios! Soy de él, ¡qué bien!»? Esta visión bíblica es la clave para transformar tu sentido de identidad.

Nunca más aislados

Dios el Padre, sin duda, sabía que a veces no solo tendríamos que esforzarnos para entender la realidad de su amor y el de los demás, sino que también nos costaría sentirnos aceptados. Por eso proyectó un sistema de apoyo. Dios estableció la iglesia como el espacio donde recrear y experimentar el amor y la aceptación. La iglesia es la expresión tangible de la realidad eterna de que somos sus hijos. La comunión y el vínculo con otros creyentes son indispensables para transformar tu sentido de identidad.

Cuando se acercaba el momento de su muerte y ascensión al cielo, Jesús proclamó: «Créanme cuando les digo que yo estoy en el Padre y que el Padre está en mí» (Juan 14:11). Hay dos personas mencionadas en esta unión: Dios el Padre y Dios el Hijo. Los siguientes versículos de este pasaje nos dicen que Dios enviaría una tercera persona, el Espíritu Santo. Y luego Cristo dice: «En aquel día [posiblemente refiriéndose a Pentecostés y al nacimiento de la iglesia] ustedes se darán cuenta de que yo estoy en mi Padre y ustedes en mí, y yo en ustedes» (v. 20).

¿Qué quería decir Jesús cuando dijo: «Yo estoy en mi Padre y ustedes en mí, y yo en ustedes»? Cuando creíste en Cristo como tu Salvador y Señor, pasaste a estar en Cristo y Cristo pasó a habitar en ti. Como Jesús y su Padre están unidos, también estás en el Padre y el Padre habita en ti. ¡Tremenda aceptación!

> *Dios estableció la iglesia como el espacio donde recrear y experimentar el amor y la aceptación.*

Pero todavía más: si el Padre está en mí y en ti, y si ambos estamos en el Padre, tú y yo tenemos una relación muy entrañable y estrecha. Hasta se podría decir que, debido a esta relación recíproca e íntima con Dios, yo estoy en ti y tú estás en mí. Como cristianos, nos parecemos más a una península que a una isla. Ambos formamos parte del cuerpo de Cristo, y por lo tanto tenemos una relación recíproca llena de vida.

Tú y yo somos solo dos de los miembros vivos mencionados en 1 Corintios 12: «Todos fuimos bautizados por un solo Espíritu para constituir un solo cuerpo ... y a todos se nos dio a beber de un mismo Espíritu ... Así Dios ha dispuesto los miembros de nuestro cuerpo, dando mayor honra a los que menos tenían, a fin de que no haya división en el cuerpo, sino que sus miembros se preocupen por igual unos por otros. Si uno de los miembros sufre, los demás comparten su sufrimiento; y si uno de ellos recibe honor, los demás se alegran con él. Ahora bien, ustedes son el cuerpo de Cristo, y cada uno es miembro de ese cuerpo» (1 Corintios 12:13, 24-27).

Fíjate en la conclusión a la que llega Pablo con respecto a nuestra relación vital: no debería haber ninguna división entre nosotros, y deberíamos preocuparnos por igual unos por otros. Es decir, Dios me considera digno de ser amado; por lo tanto, yo debo hacer todo lo que esté a mi alcance para que tú entiendas que eres amado. La iglesia consiste en esto. Por eso es tan importante que participes de la comunión continua con un grupo de creyentes. No podemos preocuparnos unos por otros si no nos congregamos regularmente.

En un sentido, cada creyente en la iglesia representa los papeles respectivos del entrenador Price y de Roy Riegels. Cuando te equivocas o fracasas, algún miembro de la iglesia o integrante del grupo de estudio bíblico se acercará para recordarte que te ama y acepta a pesar de tus errores. Y cuando alguna persona de tu grupo se desvíe por el mal camino y se avergüence, tú te presentarás como el entrenador Price, con palabras de aliento. Esta preocupación mutua es la expresión práctica de la exhortación de Pablo: «Anímense y edifíquense unos a otros, tal como lo vienen haciendo» (1 Tesalonicenses 5:11).

¿Cuál es la consecuencia final de esta preocupación mutua, de corazón sincero? En primer lugar, no solo nos permite *entender* el amor y la aceptación bíblicas, sino también *experimentarlos*; de ese modo, el amor cautiva nuestro corazón. En segundo lugar, la confirmación y el ánimo por parte de otros creyentes nos permite tener una imagen más nítida de cómo nos mira Dios. Reflexiona sobre esto: si las personas más próximas en la fe te recuerdan permanentemente que te aman y que Dios te ama, te será más fácil entender que mereces ser amado. En tercer lugar, tener la seguridad de que nos aman y aceptan nos ayudará a sanar del dolor del pasado. Amar a las personas de la misma manera que Dios las ama, les permite superar la triste experiencia de no haber recibido amor en el pasado.

Tengo un amigo que usaba un mensaje en código cuando sus hijos estaban creciendo. Siempre que les daba una tarjeta de cumpleaños, les dejaba una nota o les enviaba una postal cuando estaba de viaje, les escribía al final siete letras: «J.T.A.Y.Y.T.» A veces, cuando estaba reunido con sus hijos y otras personas, les susurraba estas letras y ellos entendían el mensaje secreto. Significa: «Jesús te ama y yo también.» Cada vez que los niños miraban u oían estas letras, se acordaban de que el amor de su padre estaba ligado al amor de Dios.

Esta es la manera para comenzar a transformar tu sentido desvirtuado de identidad para que concuerde con el retrato maravilloso que Dios tiene de ti. Intégrate a un grupo de creyentes afectuosos, y deja que el amor incondicional de Dios te llegue a través de ellos.

PARA TENER UNA IDEA LÚCIDA DE TU IDENTIDAD

En primer lugar, para comprender quién eres debes entender quién es Dios y conocer lo que siente por ti. Reflexiona sobre las siguientes verdades acerca de Dios. Tómate un tiempo para escribir tus respuestas a las preguntas en un cuaderno o en un diario.

1. *Dios es cariñoso.* Leemos en Marcos 10:16: «Y después de abrazarlos, los bendecía poniendo las manos sobre ellos.»
   - ¿Qué significa que Dios te abrace y te bendiga?
   - ¿Qué significa que este Dios cariñoso te crea digno de ser amado?

2. *Dios es tu protector.* Leemos en Deuteronomio 33:27: «El Dios sempiterno es tu refugio; por siempre te sostiene entre sus brazos.»
   - ¿Qué significa que Dios te sostenga por siempre entre sus brazos?
   - ¿Qué significa que Dios siempre te protegerá porque te ama?

En segundo lugar, para comprender quién eres necesitas prestar atención a lo que Dios dice que *eres*. Escucha la voz de Dios hablándote:

1. *Dios dice: «Te tengo en alta estima.»* Leemos en Daniel 10:19: «¡La paz sea contigo, hombre altamente estimado! ¡Cobra ánimo, no tengas miedo!»
   - Toma este versículo y hazlo tuyo: «Dios me estima muchísimo. No me siento inseguro ni tengo miedo. Sé que me ama»
   - ¿Qué significa que Dios te ama de corazón y para siempre?
   - ¿Puedes comprender lo que Dios siente por ti cuando te cubre con su inmutable amor?

2. *Dios dice: «Me perteneces; eres mío.»* Leemos en Isaías 43:1: «Te he llamado por tu nombre; tú eres mío.»
   - Toma este versículo y hazlo tuyo: «El Dios del universo me ha llamado por mi nombre. Me ha dicho que soy de él.»
   - ¿Qué significa pertenecer a Dios?
   - ¿Puedes comprender lo que Dios siente por ti cuando te llama por tu nombre y te da un lugar donde puedes sentirte aceptado?

Tómate un tiempo para agradecerle a Dios lo que te ha revelado acerca de su persona. Escúchalo mientras habla a tu corazón en el transcurso de los próximos días y semanas. Deja que estas verdades de las Escrituras obren en lo profundo de tu corazón y de tu identidad.

CAPÍTULO 11

Un nuevo sentido de la valoración

Hace varios siglos, un erudito protestante de nombre Morena tuvo que exiliarse en Lombardía, Italia. Viviendo en la pobreza, Morena se enfermó gravemente y lo llevaron a un hospital. Los médicos creyeron que el paciente desvalido no tenía ninguna educación y, a los pies de su cama, comenzaron a hablar entre ellos en latín. Dijeron: «Este pobre diablo se va a morir de todos modos, hagamos algunos experimentos con él.»

Morena, por supuesto, conocía el latín casi tan bien como su propia lengua. Haciendo acopio de sus fuerzas, se incorporó y sorprendió a los médicos: «¿Cómo pueden llamar "pobre diablo" a una persona por la que Cristo murió?»

Nuestra sociedad juzga a las personas de varias maneras. Un equipo de béisbol de la liga mayor puede considerar que el valor de un jugador, durante su carrera profesional, asciende a millones de dólares. Un soldado puede descubrir que vale una vida humana cuando un camarada muere en combate por salvarle la vida. Una madre soltera que recibe asistencia social puede descubrir que vale el tiempo y el esfuerzo de un grupo de voluntarios que pasan varios días reparando y pintando su casa ruinosa.

Morena lo tenía muy claro: como cristianos, nuestro principal valor emana del hecho de que Dios el Padre permitiera a Jesucristo, su Hijo sin pecado, morir por nuestros pecados. El apóstol Pedro señaló que el dinero pierde su valor si se compara con este sacrificio: «Como bien saben, ustedes fueron rescatados de la vida absurda que heredaron de sus antepasados. El precio de su rescate no se pagó con cosas perecederas, como el oro o la plata, sino con la preciosa sangre de Cristo, como de un cordero sin mancha y sin defecto» (1 Pedro 1:18-19).

Jesús expresó el gran valor que tiene el dar la vida por los demás cuando dijo: «Nadie tiene amor más grande que el dar la vida por sus amigos» (Juan 15:13). Pablo desarrolló este pensamiento para describir el extremo sacrificio que representa dar la vida por otro: «Difícilmente habrá quien muera por un justo, aunque tal vez haya quien se atreva a morir por una persona buena. Pero Dios demuestra su amor por nosotros en esto: en que cuando todavía éramos pecadores, Cristo murió por nosotros» (Romanos 5:7-8).

Dios nos tiene en tan alta estima que representamos la muerte de su Hijo. Dios no se interesó en nosotros ni envió a su Hijo a morir por nosotros por lo que éramos. No éramos ni justos ni rectos; éramos pecadores, la antítesis del Cordero perfecto. Pero Dios nos amó, y nuestro valor aumentó de manera descollante cuando Jesús entregó su vida por nosotros. No importa la estimación que merezcas de otras personas en términos terrenales; tu valor eterno es inestimable gracias al rescate que el Padre amante pagó por ti.

Aunque fueras la única persona en la tierra

Los cristianos pueden sentirse perdidos en la multitud. Podemos decir: «Claro, Jesús murió por mis pecados; pero no murió solo por mí, murió por todo el mundo. Soy solo un individuo entre miles de millones de personas que han recibido el don divino del perdón en su "plan colectivo" de salvación.»

Ser solo un creyente redimido entre millones no disminuye en absoluto la naturaleza personal de tu valor para Dios. Si tú y tu familia hubieran sido las únicas personas sobre la tierra, ¿crees que Cristo hubiera muerto por ti? ¡Por supuesto! Dios hizo la primera promesa para redimir a la humanidad caída cuando solo había una pareja sobre la tierra. Después del pecado de Adán y Eva, Dios prometió que aplastaría la cabeza de Satanás, en referencia a la victoria de Cristo sobre el pecado en la cruz (lee Génesis 3:15).

Si tú hubieras estado en el jardín de Edén en lugar de Adán y Eva, también habrías desobedecido a Dios; y Dios te habría hecho la promesa a ti.

Para transformar tu sentido de identidad y conciliarlo con la visión de Dios, debes asimilar la valoración que él hace de ti. Ahora le perteneces a Dios y a su familia; por lo tanto, mereces recibir «la multiforme gracia de Dios» (1 Pedro 4:10, Reina Valera). Esta imagen suele estar ausente cuando hablamos de la obra de Cristo en el Calvario. Si le preguntamos al cristiano común sobre lo que representa el Calvario, muy posiblemente responderá: «Pecado y perdón.» Pero considerémoslo más a fondo. ¿*Por qué* habría Dios de enfrentarse a nuestro pecado y ofrecernos perdón en el Calvario? Porque nos amaba, y la muerte de Cristo por nuestro pecado era la única manera posible para acogernos en su familia. Como nos ama, pagó el precio de la muerte de su Hijo. Entender con más claridad cuánto vales para Dios modificará tu vida y tu relación con los demás.

Reitero: no es suficiente *saber* que para Dios tienes mucho valor; esta verdad debe hacerse carne en tu corazón hasta tal punto que te *sientas* valorado. Espero que este capítulo te revele el valor que representas para Dios, para que lo puedas comprender con la mente y sentir con el corazón.

Dios te brinda su atención

Cuando eras niño, ¿quién se tendía en el piso contigo y jugaba con los ladrillos de juguete, con las muñecas o con los soldaditos? ¿Quiénes eran los adultos en tu vida que, de vez en cuando, dejaban a un lado el mundo del trabajo y las obligaciones para participar de tu mundo de juguetes, juegos y fantasía? Espero que hayan sido varias personas: tus padres, tus abuelos, tus tíos y tías, los hermanos y primos mayores, las amistades de tu familia. Los niños sienten que se les presta atención cuando un adulto cariñosamente deja el mundo «de los grandes» para pasar un rato en su mundo infantil.

Por desgracia, muchos niños crecen desatendidos; ni siquiera los atienden el padre y la madre. Sus padres están demasiado ocupados para interesarse en ellos y participar de su mundo infantil. O, por el contrario, los padres pasan tiempo con sus hijos haciéndolos participar del mundo de los adultos. Por ejemplo, un padre considera que cuando su hijo de tres años, nada interesado en los deportes, se sienta al lado de él para mirar un partido de béisbol en la televisión, está pasando un valioso tiempo con su hijo. Los niños que crecen sin la atención que necesitan creen que no merecen el tiempo y el interés de los adultos.

Si te criaste en un hogar donde los adultos que deberían haberte amado te brindaban poca atención genuina, puedes dudar de tu valor para Dios y para los demás. En otras palabras, subjetivamente crees que no vales nada, que tienes un precio «de liquidación». Puedes creer que no eres suficientemente bueno porque las personas más importantes en tu vida no te brindaron la atención que necesitabas.

Deja que la realidad de la valoración que Dios hace de ti cautive tu corazón: Él te ha prestado atención en el sentido más amplio. Dios, en la persona de Jesucristo, dejó su mundo, el cielo, y vino a este mundo lleno de pecado, para declarar tu valor como objeto de su amor. Pablo escribió: «Cristo Jesús ... siendo por naturaleza Dios, no consideró el ser igual a Dios como algo a qué aferrarse. Por el contrario, se rebajó voluntariamente, tomando la naturaleza de siervo y haciéndose semejante a los seres humanos. Y al manifestarse como hombre, se humilló a sí mismo y se hizo obediente hasta la muerte, ¡y muerte de cruz!» (Filipenses 2:5-8).

Pero todavía más, Dios te tiene en tan alta estima que permanece en tu mundo día tras día, en la persona de su Espíritu (lee Juan 14:16; Mateo 28:20). Él conoce tu vida en detalle desde que naciste (lee el Salmo 139:13-16). Dios presta mucha atención a las dificultades que te aquejan diariamente, y te invita a que deposites «en él toda ansiedad, porque él cuida de [ti]» (1 Pedro 5:7). Tú y él están íntimamente vinculados en cada instante de tu existencia sobre esta tierra porque él siempre te acompaña. ¿Podemos sorprendernos de que uno de los nombres de Cristo sea «Emanuel (que significa "Dios con nosotros")» (Mateo 1:23)?

¿Qué emociones te produce pensar que Cristo dejó la gloria del cielo para suplir tus más profundas necesidades? ¿Cómo te sientes al saber que Cristo llevará en su cuerpo glorificado las cicatrices de tu redención, por la eternidad, como recordatorio perpetuo de que te amó de tal manera que vino a tu mundo? ¿Cómo reaccionas al darte cuenta de que Dios te considera valioso y útil? Esta verdad, al embargar tu mente y tu corazón, transformará el concepto que tienes de ti.

Reitero: el cuerpo de Cristo desempeña un papel indispensable en el proceso de tu transformación. ¿Tienes una compañía íntima con al menos un pequeño grupo de creyentes que reflejan la percepción de la valoración divina de ti? ¿Hay algunos cristianos que te aman lo suficientemente como para entrar en tu mundo y preocuparse de tu trabajo, tu crecimiento espiritual, tus conflictos, y hasta tus pasatiempos e intereses? De igual modo, ¿estás creciendo espiritualmente para valorar a tus hermanos creyentes de la misma manera que Dios lo hace? ¿Emulas la atención de Dios, dejando tu mundo cuando es necesario, para demostrar que también amas y valoras a tus hermanos creyentes? Cultivar y mantener viva la estimación en las relaciones humanas nos ayuda a tener una visión más nítida de cómo nos mira Dios.

Dios te ofrece su perdón

¿Te resulta difícil creer que Dios perdona todos los días tus pecados? Estamos muy de acuerdo con la confesión cristiana que afirma que pecamos de palabra, de pensamiento y de hecho todos los días. Pero, ¿estamos también de acuerdo con que «si confesamos nuestros pecados, Dios, que es fiel y justo, nos lo perdonará y nos limpiará de toda maldad» (1 Juan 1:9), aunque tengamos que confesar nuestros pecados todos los días? Si te resulta difícil aceptar el perdón de Dios, todavía no has entendido lo que significas para Dios. Has establecido un tope arbitrario a la valoración de Dios.

En efecto, te parece que no eres digno del perdón de Dios. Esta percepción puede provenir del hecho de que, de niño, no siempre te perdonaban tus errores.

En Hebreos 10:12 leemos: «Pero este sacerdote [Cristo], después de ofrecer por los pecados un solo sacrificio para siempre, se sentó a la derecha de Dios.» Los efectos de este sacrificio, de una vez y para siempre, se detallan en Colosenses 2:13-14: «Nos dio vida en unión con Cristo, al perdonarnos todos los pecados y anular la deuda que teníamos pendiente por los requisitos de la ley. Él anuló esa deuda que nos era adversa, clavándola en la cruz.» El rey David había sido acusado de adulterio y asesinato; sin embargo, pudo decir: «Pero te confesé mi pecado, y no te oculté mi maldad. Me dije: "Voy a confesar mis transgresiones al SEÑOR", y tú perdonaste mi maldad y mi pecado.» (Salmo 32:5). ¡Qué liberación mirarnos con los ojos de Dios! Dios perdona todos nuestros pecados: pasados, presentes y futuros.

Sin embargo, algunos cristianos están convencidos de que han pecado demasiado, por demasiado tiempo y que sus pecados son tan graves que no pueden ser perdonados. Creen que Dios perdona, pero equivocadamente interpretan que ellos han agotado la cantidad de perdón que Dios les ha adjudicado. Una estudiante de diecisiete años, a quien llamaré Cindy, me escribió una carta contándome lo triste de su situación:

Josh: Le escribo porque estoy sola y confundida. Tuve una relación sexual con mi novio porque creía que se lo debía. Cuatro meses más tarde supe que estaba embarazada. Jeff me dejó. Mis padres todavía no lo saben. Hace un mes me convertí. Soy cristiana, pero ¡me siento tan culpable! ¿Cómo es posible que Dios me ame después de lo que he hecho? Siento que ya no vale la pena seguir viviendo. Todas las noches me duermo llorando; a veces, quisiera estar muerta. No me llevo muy bien con mis padres; ellos son cristianos de toda la vida, y nunca entenderían lo que estoy pasando. Estoy muy confundida. ¿Es cierto que Dios me puede amar y perdonar? Le agradecería que me contestara.

Cindy todavía no se ha dado cuenta de lo mucho que vale para Dios. Cuando Jesús dejó su mundo para morir por sus pecados, pagó el precio de *todos* sus pecados, incluyendo la relación sexual extramatrimonial que la dejó embarazada y abandonada. No obstante, ella cree que su pecado es demasiado grande, semejante a un cheque «rebotado», rechazado por el banco porque no hay fondos suficientes en la cuenta para cubrirlo. Necesita entender que es imposible agotar la cuenta del perdón divino. El perdón de Dios no tiene límites. Cada vez que confesamos nuestros pecados, él nos perdona. Eso mismo le contesté a Cindy en mi carta.

La vida del rey Manasés, uno de los reyes más malvados de Judá, es una clara ilustración del alcance del perdón de Dios. Manasés ofendió a Dios, adoró dioses falsos, y condujo al pueblo a la idolatría (lee 2 Crónicas 33:1-9). Si Cindy cree que es imposible que Dios la perdone, debería creer que Dios tampoco podría perdonar a Manasés, porque fue muy malvado.

Sin embargo, cuando los asirios capturaron a la nación de Judá y a su rey, Manasés «imploró al SEÑOR, Dios de sus antepasados, y se humilló profundamente ante él. Oró al SEÑOR, y él escuchó sus súplicas y le permitió regresar a Jerusalén y volver a reinar. Así conoció Manasés que sólo el SEÑOR es Dios.» (2 Crónicas 33:12-13). A pesar de su maldad, Dios tuvo compasión de Manasés y lo perdonó. El rey perdonado debe haber regresado a su tierra natal viéndose más como Dios lo miraba: digno del perdón.

Hay muchos cristianos como Cindy que creen que nadie podría perdonarlos. Pero, ¿cómo nos mira Dios? El rey David, que sabía que sus acciones no eran imperdonables, escribió: «[El SEÑOR] no nos trata conforme a nuestros pecados ni nos paga según nuestras maldades. Tan grande es su amor por los que le temen como alto es el cielo sobre la tierra. Tan lejos de nosotros echó nuestras transgresiones como lejos del oriente está el occidente» (Salmo 103:10-12). Abrumado por su pecado y remordimiento, David veía nítidamente cómo el perdón ilimitado de Dios lo revalorizaba.

LIBRES DE CULPA

Hay otro aspecto apasionante del perdón de Dios: somos libres para perdonarnos. Conozco a muchos cristianos que aceptan el perdón de Dios, pero no se perdonan a sí mismos. ¡Son más severos con ellos que Dios mismo! Si Dios nos valora tanto que pagó por nuestros pecados y nos perdonó, ¿quiénes somos nosotros para decir que no somos dignos del perdón? La transformación de nuestro sentido de identidad implica liberarnos de nuestra culpa y aceptar el perdón de Dios.

Hace unos años, mientras almorzaba en un restaurante con algunos amigos, dije algo que nunca debiera haber dicho. Lastimé profundamente de palabra a un hermano en Cristo. De regreso a casa, me di cuenta del efecto de mi comentario injusto y caprichoso. Volví inmediatamente al restaurante para reparar la situación. Le confesé a mi amigo que había pecado contra él, y le pedí perdón. Me clavó la mirada y me dijo:

—No te perdonaré. Una persona en tu posición nunca debería haber dicho eso.

Su respuesta me desconcertó, y le dije:

—Sé que nunca debí haberlo dicho, por eso te estoy pidiendo perdón.

Hice todo lo posible para hacer las paces, pero mi hermano en Cristo estaba resuelto a no perdonarme.

Regresé a casa sintiéndome frustrado y confundido. Comencé a luchar espiritual y emocionalmente con lo sucedido. Me sentía tan culpable, que comencé a reprocharme mentalmente: *¿Cómo pudiste haber dicho eso, Josh?* Mi sentimiento de culpa me provocaba ideas de autocondenación: *¿Cómo puedes dedicarte a la obra cristiana y lastimar a un hermano de esa manera? ¿Cómo puede Dios usarte en el ministerio cuando hablas así a las personas?* Me sentía miserable, consumido por la culpa y la compunción.

Entonces el Espíritu Santo comenzó a obrar en mi pensamiento. A la luz de las Escrituras y de mi relación con Cristo, hice memoria de todo el incidente, incluyendo mi respuesta. Pensé: *Josh,* no estás planteando este asunto correctamente. Hay dos salidas posibles para este incidente. Por un lado, puedes seguir teniéndote lástima, revolcarte en la culpa y pensar solo en tu debilidad y pecado; o, por otra parte, puedes darte cuenta de que Jesús murió por esta situación, confesarle a Dios tu pecado, aceptar el perdón de Dios y hacer todo lo que esté a tu alcance para reconciliarte con tu hermano en Cristo. Después de haber hecho todo lo que puedas, perdónate, levanta tu cabeza, incorpórate y vuelve a caminar por la fe.

Después de lidiar por un tiempo con estas alternativas, me decidí por aceptar el perdón de Dios, perdonarme y seguir caminando por la fe, haciendo todo lo que estuviera a mi alcance para restaurar la relación con mi hermano en Cristo, herido e implacable.

Si decides no perdonarte, debes saber que tu percepción no concuerda con la que Dios tiene de ti.

En ese momento estaba bien convencido de que mi perdón no dependía del perdón de mi hermano en Cristo a quien había ofendido; también sabía que Dios esperaba que hiciera todo lo que pudiera por reconciliarme (lee Mateo 5:23-24). Ese fue mi punto de inflexión, y en el transcurso de los siguientes meses la relación comenzó a mejorar. Un año después del incidente, le comenté a mi esposa: «Creo que somos amigos de nuevo. Su dolor parece haber desaparecido y, al parecer, me ha perdonado. En realidad, creo que nuestra relación nunca fue tan buena como ahora.»

Caminar con la certeza del perdón es vital para todos los aspectos de la salud personal y el crecimiento. El director de un hospital para enfermos mentales mencionó, durante un seminario en una universidad, que la mitad de los pacientes internados podrían regresar a sus hogares si supieran que los perdonarían. Si decides no perdonarte, debes saber que tu percepción no concuerda con la que Dios tiene de ti. Puedes sentirte mal con respecto a tus pecados, pero no permitas que esos sentimientos enturbien la verdad del perdón divino.

Reitero: Congregarte con un grupo de creyentes amantes te ayudará a mirarte con más claridad. El perdón debería ser una de las características primordiales de la relación entre creyentes. Pablo nos instruyó: «Sean bondadosos y compasivos unos con otros, y perdónense mutuamente, así como Dios los perdonó a ustedes en Cristo» (Efesios 4:32). La práctica semanal entre los creyentes de perdonarse y procurar el perdón de los demás, ayudará a mantener siempre presente el perdón de Dios.

Como «sacerdotes reales» (lee 1 Pedro 2:9), desempeñamos un papel clave para ayudarnos recíprocamente a mirarnos como perdonados, porque así nos mira Dios. Pedro nos exhortó: «Por eso, confiésense unos a otros sus pecados, y oren unos por otros, para que sean sanados» (Santiago 5:16). No creemos que una persona pueda absolver a otra del pecado; solo Dios perdona el pecado. Sin embargo, cuando confesamos unos a otros nuestros pecados y oramos unos por otros, asumimos la responsabilidad sacerdotal de confirmarnos mutuamente el perdón de Dios. Estas deberían ser las palabras de despedida cada vez que los cristianos se reúnen para tratar su pecado: «Lo has confesado, hemos orado, Dios te ha perdonado: Ve en paz, ¡estás perdonado!» Un ministerio con estas características es el camino más directo para tener una visión perfecta del valor que tenemos para Dios.

PARA TENER UNA IDEA LÚCIDA DE TU IDENTIDAD

En primer lugar, para comprender quién eres debes entender quién es Dios y conocer lo que siente por ti. Reflexiona sobre las siguientes verdades acerca de Dios. Tómate un tiempo para escribir tus respuestas a las preguntas en un cuaderno o en un diario.

1. *Dios es santo.* Leemos en el Salmo 22:3: «Pero tú eres santo, tú eres rey, ¡tú eres la alabanza de Israel!»
   - ¿Qué significa que Dios sea santo?
   - ¿Qué significa que este Dios santo considere que vales mucho?

2. *Dios es bueno.* Leemos en el Salmo 119:68: «Tú eres bueno, y haces el bien, enséñame tus decretos.»
   - ¿Qué significa que Dios sea bueno y que no pueda hacer el mal?
   - ¿Qué significa que este Dios bueno te declare inmensamente valioso?

En segundo lugar, para comprender quién eres necesitas prestar atención a lo que Dios dice que *eres*. Escucha la voz de Dios hablándote:

1. Dios dice: «*Eres valioso.*» Leemos en 1 Corintios 6:19-20: «Ustedes no son sus propios dueños; fueron comprados por un precio.»
   - Toma este versículo y hazlo tuyo: «Dios me valora tanto que me compró a muy alto precio.»
   - ¿Qué significa que Dios te ame tanto que haya pagado un alto precio por ti; no por nada que hayas hecho, sino solo porque para él lo vales?
   - ¿Puedes comprender lo que Dios siente por ti, que dio la vida de su precioso Hijo para mostrarte cuánto te valoraba?

2. Dios dice: «*Eres miembro del cuerpo de Cristo.*» Leemos en 1 Corintios 12:27: «Ahora bien, ustedes son el cuerpo de Cristo, y cada uno es miembro de ese cuerpo.»
   - Toma este versículo y hazlo tuyo: «Soy un miembro necesario del cuerpo de Cristo: de Cristo mismo.»
   - ¿Qué significa que seas necesario para Dios?

- ¿Puedes comprender lo que Dios siente por ti, que te haya atraído hacia él y hecho parte de su cuerpo?

Tómate un tiempo para agradecerle a Dios lo que te ha revelado acerca de su persona. Escúchalo mientras habla a tu corazón en el transcurso de los próximos días y semanas. Deja que estas verdades de las Escrituras obren en lo profundo de tu corazón y de tu identidad.

CAPÍTULO 12

Un nuevo sentido de la capacidad

Ron es el pastor principal de una iglesia en expansión, con 1.500 miembros. Dirige el ministerio de un gran número de personas, preside una junta directiva numerosa, y predica en tres cultos los domingos por la mañana.

Pero Ron también es un excelente padre. Cuando se casó y comenzó una nueva familia, Ron y Jorie, su esposa, decidieron dedicar tiempo y recursos para ayudar a cada uno de sus hijos a descubrir y sobresalir en al menos un aspecto de su interés personal. Querían que sus hijos estuvieran preparados para triunfar en la vida, y cultivaron en ellos un sentido de capacidad y confianza en sí mismos.

Como Ron y Jorie eran entusiastas jugadores de tenis, no fue ninguna sorpresa que tres de sus cuatro hijos mayores mostraran interés y aptitudes para ese deporte. Se hicieron socios de un club atlético para que sus hijos tuvieran acceso a las lecciones de tenis y las competencias anuales. Tad, David y Joel llegaron a estar en la clasificación más alta en sus respectivas edades. Ron y Jorie iban a los partidos y competencias tantas veces como podían, a veces, recorriendo largas distancias para animar a sus hijos en algún campeonato nacional de tenis.

Pero su tercer hijo no manifestó tanto interés en el tenis como sus hermanos; Luke adoraba los caballos. Ron y Jorie fueron los primeros en apoyarlo. Cuando Luke cumplió once años, le regalaron un caballo. Su hijo no lo podía creer. Ahorró dinero y finalmente se compró otro caballo. Luke tiene ahora dieciséis años, y ya ha criado cinco caballos. Para que a Luke no le quedara ninguna duda de que era competente, Ron y Jorie vendieron su casa y se mudaron al campo para que él pudiera criar a sus caballos.

Los cuatro hijos todavía disfrutan y sobresalen en los intereses que sus padres con amor y sacrificio fomentaron. Los muchachos son ahora jóvenes adultos que saben muy bien que los aman y los valoran y que son competentes. Ron y Jorie piensan hacer lo mismo con otros cuatro hijos que han adoptado.

¿Tus padres se parecían en algo a esta pareja? De niño, ¿te animaban a cultivar tus intereses para que hoy te sientas hábil y competente en algunos ámbitos de tu vida? O ¿te criaste creyendo que no servías para nada porque los adultos importantes en tu vida apenas confiaban en tus capacidades? Si ahora, de adulto, las personas que te rodean creen que no eres competente, pueden exacerbar las influencias negativas de tu niñez y juventud. Una serie de infortunios en tu vida: la pérdida de un empleo, el distanciamiento de una amistad, un divorcio, la rebeldía de un hijo, pueden haberte dejado también con la sensación de que *tú* eres un fracasado.

La tercera columna fundamental de una identidad verdadera es concebirnos competentes en Cristo. Esa es la imagen que Dios tiene de nosotros. Pablo no quiso ser imprudente u orgulloso cuando dijo: «Todo lo puedo en Cristo que me fortalece» (Filipenses 4:13). Lisa y llanamente creía que tenía dones y que estaba preparado para servir a Dios. Ese mismo concepto deberíamos tener nosotros. No quiere decir que tu destino deba ser una réplica de la vida del apóstol Pablo, ni tampoco que debas sobresalir en cualquier cosa que emprendas en tu vida. Dios quiere que entiendas que te ha dado determinadas facultades físicas, intelectuales y espirituales y te ha capacitado para que las aproveches bien. Todavía más, Dios confía tanto en tu capacidad que te ha encomendado la gran comisión. Tu sentido de identidad se transformará cuando puedas entender esa verdad: Dios te considera competente y útil.

LA VIDA CRISTIANA ES IMPOSIBLE SIN EL PODER DEL ESPÍRITU

Nuestra relación con Dios el Espíritu Santo es la clave para transformarnos y darnos un nuevo sentido de suficiencia. La Biblia nos enseña mucho sobre nuestra relación con el Espíritu Santo:

- Hemos nacido de nuevo del Espíritu (Juan 3:3-5).
- El Espíritu vive en nosotros y siempre nos acompañará (Juan 14:16-17).
- El Espíritu nos enseña lo que necesitamos saber (Juan 14:26).
- El Espíritu da testimonio de que pertenecemos a Dios (Romanos 8:16).
- El Espíritu nos guía (Romanos 8:14).
- El Espíritu reparte talentos, capacidades y dones espirituales para que nuestra vida tenga propósito en el servicio a Dios (1 Corintios 12:4, 11).
- El Espíritu nos ayuda en nuestra debilidad e intercede por nosotros (Romanos 8:26-27).
- El Espíritu desarrolla en nuestra vida el fruto de la justicia de Dios: amor, alegría, paz, paciencia, amabilidad, bondad, fidelidad, humildad y dominio propio (Gálatas 5:22-23).

El camino más directo para sabernos competentes en el Espíritu Santo es comprender que, como resultado de su presencia en nuestra vida, contamos con varios recursos. En Pentecostés, diez días después de que Jesús había ascendido al cielo, sus seguidores experimentaron cosas maravillosas y milagrosas. El Espíritu Santo los llenó y les dio poder para cambiar el curso de la historia. El mismo Espíritu Santo que, hace dos mil años, les dio poder a los discípulos para vivir en santidad y ser testigos fieles, quiere obrar en nosotros hoy. Una de las verdades más importantes de la Palabra de Dios es que Jesucristo vive en nosotros por el poder de su Espíritu y expresa su amor al mundo por intermedio nuestro.

Es imposible vivir la vida cristiana, de acuerdo con los estándares bíblicos, confiando solo en nuestras fuerzas. Intentarlo, y fracasar inevitablemente, solo contribuirá a hacernos sentir menos competentes como hijos de Dios. En realidad, los cristianos que intentan vivir como Cristo confiando solo en sus propias fuerzas, pueden sentirse menos competentes y más inservibles que sus iguales no cristianos que viven de acuerdo con los ideales humanos. Los estándares bíblicos son demasiado elevados para alcanzarlos sin ayuda. Solo una persona fue capaz de cumplirlos: Jesucristo. La vida cristiana solo es posible con el poder del Espíritu Santo. Sin el Espíritu no cabe duda de que nos sentiremos incompetentes en su servicio.

Jesús señaló el papel clave que el Espíritu desempeña en nuestra capacitación cuando les prometió a sus discípulos: «Pero cuando venga el Espíritu Santo sobre ustedes, recibirán poder y serán mis testigos tanto en Jerusalén como en toda Judea y Samaria, y hasta los confines de la tierra» (Hechos 1:8). Sin el Espíritu Santo, no solo es imposible convertirse en cristiano, sino que tampoco es posible producir el fruto del Espíritu y llevar a otros a Cristo. Jesús se refería a sí mismo y al Espíritu cuando dijo de manera tajante: «Separados de mí no pueden ustedes hacer nada» (Juan 15:5).

Desde el mismo momento en que recibimos a Cristo, el Espíritu pasa a morar en nosotros; todo lo que necesitamos para ser competentes y aptos para Cristo está a la mano. La clave está en permitir que el Espíritu Santo nos llene diariamente, para que podamos utilizar todos los medios que pone a nuestra disposición. Pablo lo expresa con este mandamiento: «Sean llenos del Espíritu Santo» (Efesios 5:18). Traducido literalmente, el versículo diría: «Sigan permitiendo que el Espíritu Santo los llene.» Para los cristianos, la capacitación diaria implica que el Espíritu nos llene cada día.

Ser llenos del Espíritu todos los días no significa que necesitemos más Espíritu Santo entrando en nuestras vidas. En realidad, significa que debemos dejar al Espíritu Santo, que ya habita en nosotros, que ocupe más de nuestra vida. Por eso prefiero usar palabras como ser *impregnado* o *investido de poder* por el Espíritu. Ser lleno del Espíritu Santo, a diario, significa tener el poder para vivir para Cristo y ser sus testigos todos los días.

Contamos con el poder del Espíritu por la fe en un Dios que lo puede todo y que nos ama. El mandamiento de Dios es que seamos llenos del Espíritu; por lo tanto, podemos tener la plena certeza de que él nos llenará cuando se lo permitamos. Es como retirar dinero del banco y saber que tenemos suficiente dinero en la cuenta. No nos acercamos a la caja con miedo, temiendo que nuestra solicitud de retiro de dinero sea denegada. Tampoco le rogamos al cajero que nos entregue el dinero. Por el contrario, vamos al banco «con fe», le entregamos al cajero el formulario con la solicitud de retiro y recogemos el dinero a nuestro nombre. De igual manera, recibir el Espíritu Santo a diario es sencillamente una manera de apropiarnos de algo que ya tenemos.

El plan de Dios para darnos poder

Si bien podemos retirar el dinero del banco con confianza, también es cierto que debemos cumplir con determinados procedimientos antes de efectuar el retiro. Por ejemplo, no puedo pararme afuera del banco, en la acera, gritando: «¡Quiero mi dinero!» y esperar que me atiendan. Antes, debo llenar un formulario de retiro de fondos y presentarlo en la ventanilla de la caja. Así también, hay pasos imprescindibles que debemos dar para prepararnos para la experiencia cotidiana de recibir el poder del Espíritu Santo.

1. *Debemos tener hambre y sed de Dios y el deseo de ser llenos de su Espíritu.* Jesús dijo: «Dichosos los que tienen hambre y sed de justicia, porque serán saciados» (Mateo 5:6). Tenemos «hambre» de Dios cuando estamos conscientes de que sin él no somos nada. Si no tenemos hambre, es porque ya estamos llenos con nuestra propia capacidad,

en lugar de estar llenos del Espíritu; y si ya estamos llenos, no tenemos deseo de recibir más.
2. *Debemos dejar la dirección y el control de nuestra vida en manos de Cristo.* Pablo escribió: «Por lo tanto, hermanos, tomando en cuenta la misericordia de Dios, les ruego que cada uno de ustedes, en adoración espiritual, ofrezca su cuerpo como sacrificio vivo, santo y agradable a Dios» (Romanos 12:1). Para que Dios nos prepare para ser competentes, debemos renunciar a nuestro deseo de dirigir nuestra propia vida.
3. *Debemos confesar todos los pecados que el Espíritu Santo nos recuerde y aceptar el lavamiento y el perdón prometidos por Dios.* La maravillosa promesa de 1 Juan 1:9 nos dice que «si confesamos nuestros pecados, Dios, que es fiel y justo, nos los perdonará y nos limpiará de toda maldad». Para que el Espíritu Santo nos dé poder todos los días, debemos confesar y limpiarnos de toda maldad diariamente.

No hay alternativa para el creyente: ser lleno del Espíritu es un mandamiento. El mandamiento de Dios es que seamos llenos de su Espíritu (Efesios 5:18); sin embargo, todos los mandamientos de Dios conllevan los medios para obedecerlos. Él nos promete: «Ésta es la confianza que tenemos al acercarnos a Dios: que si pedimos conforme a su voluntad, él nos oye. Y si sabemos que Dios oye todas nuestras oraciones, podemos estar seguros de que ya tenemos lo que le hemos pedido» (1 Juan 5:14-15). Lo único que tenemos que hacer es pedirle a Dios que nos llene y, como sabemos que él nos oye, podemos tener la confianza de que nos llenará.

Cuando le pedimos que nos llene con el Espíritu Santo, no invitamos al Espíritu Santo a morar en nuestras vidas porque él ya habita en nosotros. Él *entra a morar* en los cristianos desde el instante en que, mediante su Espíritu, le entregamos nuestra vida a Cristo. Pero debemos ser *llenos* reiteradamente. Lo que hacemos es pedirle al Espíritu Santo, que mora en nosotros, que nos llene y controle cada parte de nuestra vida, hasta lo más oculto y recóndito. Al hacerlo, nos alimentamos de su capacidad. El esfuerzo propio se ve recompensado y adquiere sentido cuando vivimos con el poder del Espíritu Santo. Él nos capacita para vivir en santidad y servir cabalmente a Dios con las capacidades que nos ha impartido.

¿Deseas tener una vida llena del Espíritu y de su suficiencia? Solo necesitas pedírselo al Padre. Reconoce que tú has tenido el control de tu vida, lo que es un pecado contra Dios, el legítimo director de tu vida. Agradécele el perdón de tus pecados mediante la muerte de Cristo en la cruz por ti. Pídele a Cristo que tome control de tu vida; pídele al Espíritu que te dé poder para que todo lo que hagas sea para la gloria de Dios. Luego, agradécele que haya cumplido tu deseo. No es un atrevimiento agradecer a Dios antes de experimentar efectivamente los resultados de tu pedido. Es un acto de fe: él cumple su promesa de darnos cualquier cosa que le pidamos de acuerdo a su voluntad. Como su mandamiento es que seamos llenos del Espíritu Santo, sabemos que es su voluntad que se lo pidamos y lo recibamos. Por lo tanto, podemos agradecer con propiedad lo que habrá de hacer.

El apóstol Pablo se regocijaba en la capacidad que disfrutaba gracias al poder del Espíritu Santo: «Todo lo puedo en Cristo que me fortalece» (Filipenses 4:13). El énfasis no está en lo que Pablo podía hacer sino en lo que Cristo, la fuente de su fuerza, podía hacer. Pablo se animó a hacer grandes cosas *para* Dios porque esperaba grandes cosas *de* Dios. Nosotros podemos hacer lo mismo porque «no es que nos consideremos competentes en nosotros mismo. Nuestra capacidad viene de Dios» (2 Corintios 3:5).

DIOS PUEDE TRANSFORMAR NUESTRA INCAPACIDAD EN CAPACIDAD

Carl trabajaba como gerente de cuentas de inversión en una importante institución financiera. Era muy capaz y exitoso. Cuando los miembros de la junta directiva de la iglesia a la que pertenecía

Carl lo conocieron mejor, pensaron: «Este hombre sería de gran ayuda en la comisión de presupuesto de la iglesia. Tiene una buena formación y experiencia en finanzas. Sabe como administrar bien el dinero. Sería natural que integrara esta comisión.» Al poco tiempo, lo invitaron a prestar sus servicios en la comisión. Carl aceptó, feliz de poder contribuir con su iglesia.

Los primeros meses en la comisión fueron un desastre. Su fuerte resultó en detrimento para la tarea. Debido a su formación financiera, evaluaba todos los gastos de la iglesia con un criterio de costo-beneficio. Si un determinado proyecto de la iglesia no era «rentable» (crecimiento en número o financiero), él argumentaba que dicho proyecto debía terminarse. Consideraba que los ministerios que no mostraban un resultado bien visible, tales como los proyectos misioneros que no beneficiaban directamente a la iglesia, eran una pérdida de tiempo. Los líderes de la iglesia pronto se dieron cuenta de que Carl carecía de la fe necesaria para invertir los diezmos y las ofrendas. Después de conversar con su sabio y amante pastor, Carl renunció a su puesto en la comisión.

Él podría haber reflexionado sobre esta experiencia y llegado a la conclusión de que no servía para nada, ya que no podía servir a Dios con lo que mejor sabía hacer. Sin embargo, su pastor lo animó a pensar que aunque sus aptitudes para las finanzas no le habían servido en la comisión de presupuesto, Dios le mostraría la manera de servirle.

Carl no se dio por vencido. A medida que continuó creciendo en la fe y cediendo el control de su vida al Espíritu Santo, le pareció que le gustaría trabajar como voluntario en el ministerio con jóvenes estudiantes. Nunca había trabajado con muchachos y no tenía ningún entrenamiento en el ministerio con jóvenes. Su corazón, sin embargo, sentía el peso de la situación de los muchachos que venían de hogares no cristianos. Le llamó la atención que su esposa, Brenda, sintiera la misma carga que él.

Después de mucha oración, Carl y Brenda se reunieron con el pastor encargado de los jóvenes y le dijeron: «No sabemos nada del trabajo con jóvenes, pero amamos a esos muchachos y queremos aprender. Si podemos ser de ayuda, estamos a su disposición.» El pastor encargado de los jóvenes los invitó a colaborar como voluntarios en el equipo de ese ministerio.

La pareja se sintió en el ministerio con los jóvenes como pez en el agua. Abrieron las puertas de su hogar a los jóvenes estudiantes para tener estudios bíblicos y para que «pasaran el rato». Los muchachos acudían a la casa de Carl y Brenda porque se sentían auténticamente amados y aceptados. Carl y Brenda se reían y divertían con los muchachos, y lloraban con los que estaban afligidos. El grupo de jóvenes continúa creciendo gracias a la buena disposición de Carl y Brenda que permitieron que el Espíritu de Dios los llamara y les diera el poder para un ministerio para el cual no estaban «capacitados».

Cuando observamos la clase de personas que Dios utiliza, muchas veces encontramos que si bien tienen limitaciones, cuando entregan sus vidas al Espíritu Santo, Dios las capacita para el ministerio y, como en el caso de Carl, no siempre en la misma actividad para la que están calificadas.

Nuestras limitaciones no son un límite para Dios.

Mirarnos con los ojos de Dios no significa que no tengamos limitaciones o debilidades. Aun las personas controladas por el Espíritu son imperfectas y necesitan crecer. Mirarnos con los ojos de Dios significa, más bien, que debemos considerarnos competentes a pesar de nuestras limitaciones y debilidades. Nuestras limitaciones no son un límite para Dios. Nuestras debilidades no debilitan su causa. Aun más, no podemos impresionar a Dios con nuestras habilidades, como si no pudiera prescindir de nosotros. Quienquiera que seas y dondequiera que te encuentres en tu crecimiento cristiano, Dios te usará si dejas que su Espíritu te dé poder todos los días. Al caminar en la senda de una vida llena del

Espíritu, puedes tener la más plena confianza de que «el que comenzó tan buena obra en [ti] la irá perfeccionando hasta el día de Cristo Jesús» (Filipenses 1:6).

PARA TENER UNA IDEA LÚCIDA DE TU IDENTIDAD

En primer lugar, para comprender quién eres debes entender quién es Dios y conocer lo que siente por ti. Reflexiona sobre las siguientes verdades acerca de Dios. Tómate un tiempo para escribir tus respuestas a las preguntas en un cuaderno o en un diario.

1. *Dios está en todas partes.* Leemos en el Salmo 139:7-10: «¿Adónde podría alejarme de tu Espíritu? ¿Adónde podría huir de tu presencia? Si subiera al cielo, allí estás tú; si tendiera mi lecho en el fondo del abismo, también estás allí. Si me elevara sobre las alas del alba, o me estableciera en los extremos del mar, aun allí tu mano me guiaría, ¡me sostendría tu mano derecha!»
   - ¿Qué significa que Dios te acompaña dondequiera que vayas para guiarte y fortalecerte?
   - ¿Puedes sentir el amor que Dios siente por ti que se compromete a acompañarte a todos lados?

2. *Dios lo puede todo.* Leemos en Job 42:2: «Yo sé bien que tú lo puedes todo, que no es posible frustrar ninguno de tus planes.»
   - ¿Qué significa que Dios pueda hacer todo?
   - ¿Qué significa que Dios, que lo puede todo, te ha dado todo lo que necesitas para ser un miembro competente de su familia?

En segundo lugar, para comprender quién eres necesitas prestar atención a lo que Dios dice que *eres*. Escucha la voz de Dios hablándote:

1. *Dios dice: «Te escogí para que des fruto.»* Leemos en Juan 15:16: «No me escogieron ustedes a mí, sino que yo los escogí a ustedes y los comisioné para que vayan y den fruto, un fruto que perdure.»
   - Toma este versículo y hazlo tuyo: «Dios me escogió para que dé fruto.»
   - ¿Qué significa que Dios te haya escogido y capacitado para ser una persona competente?
   - ¿Puedes comprender lo que Dios siente por ti, que te ha encargado su obra?

2. *Dios dice: «Te he capacitado.»* Leemos en 1 Corintios 1:7: «De modo que no les falta ningún don espiritual mientras esperan con ansias que se manifieste nuestro Señor Jesucristo.»
   - Toma este versículo y hazlo tuyo: «Dios me ha dado todo lo que necesito para su servicio.»
   - ¿Qué significa que Dios te valore tanto que te ha capacitado para su servicio?
   - ¿Puedes comprender lo que Dios siente por ti, que te ha dado todo lo que necesitas para ser competente?

Tómate un tiempo para agradecerle a Dios lo que te ha revelado acerca de su persona. Escúchalo mientras habla a tu corazón en el transcurso de los próximos días y semanas. Deja que estas verdades de las Escrituras obren en lo profundo de tu corazón y de tu identidad.

QUINTA PARTE

Para tener una nueva identidad

CAPÍTULO 13

La búsqueda de un entorno propicio para la transformación

Hablo con muchos cristianos que hacen lo mejor que pueden para estar llenos de la plenitud de Dios; pero que, lamentablemente, después de años, todavía tienen una imagen imperfecta de quienes son de verdad en Cristo. ¿Te pareces a uno de estos cristianos? Dios puede haberte usado de maneras maravillosas en el pasado. Posiblemente, te elogian por ser un modelo ejemplar de fe y madurez espiritual. Pero tú sigues considerándote un pobre individuo en la creación de Dios. Te resulta difícil creer que Dios, o que cualquier otra persona, te ame, valore y considere competente.

Ya hemos estudiado la visión que Dios tiene de ti, según las Escrituras, y por qué tú tienes todo el derecho a saberte amado, valorado y competente. Pero, ¿cómo ocurre esto? ¿Qué clase de entorno favorece que las personas se miren desde otra perspectiva?

Adquirimos un nuevo sentido de identidad de la misma manera que hemos adquirido el sentido de identidad actual. Te criaste creyendo que nadie te amaba ni valoraba y pensando que eras incompetente porque tu entorno te transmitió ese mensaje, en especial las personas más importantes en tu vida. Para transformar tu sentido de identidad, debes colocarte en un entorno donde predomine la verdad sobre tu identidad. Debes recibir influencias positivas de las personas que se miran a sí mismas y a ti con los ojos de Dios. Para transformar tu retrato subjetivo imperfecto, debes exponerte a una atmósfera impregnada de la verdad con respecto a lo que eres.

En el capítulo nueve estudiamos la historia de la resurrección de Lázaro. Cuando Lázaro salió del sepulcro, estaba cubierto con vendas. Jesús decidió usar a otras personas para cumplir su propósito en la vida de Lázaro, y les mandó a sus amigos y parientes que le quitaran las vendas que lo cubrían. Del mismo modo, Dios ha decidido usar a otros creyentes para que te ayuden a liberarte de las cadenas de tu sentido imperfecto de identidad. Los creyentes son agentes de transformación.

Para transformar tu sentido de identidad, debes colocarte en un entorno donde predomine la verdad sobre tu identidad.

Un entorno saturado de la verdad

¿Cuáles son las características de ese entorno ideal, esa atmósfera propicia para la transformación?

1. *Un entorno propicio para la transformación estará compuesto por personas que son modelo de la verdad de quienes somos en Cristo.* Debes pasar bastante tiempo, y aprovecharlo bien, en compañía de personas que están convencidas de que Dios las ama y las valora y que son útiles para Dios y los demás. Estas personas no son necesariamente las más activas en la obra de Dios. Los cristianos «adictos al trabajo» tienden a estar demasiado ocupados, afanados por ganar la aprobación de Dios en lugar de caminar con confianza, seguros de la aprobación divina. Los buenos ejemplos de un verdadero sentido de identidad son personas que reflejan una relación íntima con Dios y realmente disfrutan sirviéndole. Estas personas no necesariamente tienen talento para las relaciones sociales, pero disfrutan la compañía de otros porque están seguras de su identidad. Muchas de ellas se dedican al discipulado o a

ayudar a otros creyentes en su crecimiento, tanto en contextos formales como informales.

2. *Un entorno propicio para la transformación enseña con claridad la verdad sobre tu identidad según las Escrituras.* Un padre, un maestro o cualquier otro adulto cuya opinión respetabas de niño, pueden haberte repetido hasta el cansancio que eras un inútil. Ese dato sobre tu persona es incorrecto. Debes aprender cuál es la verdad que las Escrituras enseñan con respecto a la imagen que Dios tiene de ti. Necesitas mantenerte cerca de maestros de la Biblia, líderes de estudio bíblico y otros cristianos con experiencia, que declaren tu aceptación según la Biblia y tu valor ante los ojos de Dios, y aprender de ellos.

3. *Un entorno propicio para la transformación proporciona un ámbito de relaciones amorosas e íntimas.* En la medida en que los creyentes sean *modelo* de la verdad, podrás *observar* que las personas se consideran mutuamente amadas, valiosas y competentes. En la medida que los creyentes *enseñen* la verdad, *aprenderás* de las Escrituras que Dios te considera digno de ser amado, valioso y competente. Pero cuando te *relaciones* con personas que conocen su verdadera identidad, *experimentarás* la verdad personalmente. Expresamos nuestro amor unos a otros, nos valoramos mutuamente y nos servimos recíprocamente en la práctica estableciendo relaciones con cristianos que se preocupan unos por otros.

Considera el siguiente cuadro a modo de ejemplo: Justo antes de acabar la jornada laboral, tu jefe te llama para informarte que no has sido ascendido y que no podrás tener el aumento de salario que esperabas. Le dieron prioridad a un empleado más nuevo, con más preparación. Te sientes completamente desgraciado mientras conduces de regreso a tu hogar. Sientes resurgir sentimientos de incapacidad y de fracaso; estás tentado a no asistir al estudio bíblico de esa noche; sin embargo, sabes que deberías ir, si bien preferirías encerrarte y sumirte en la autocompasión.

En la reunión de estudio bíblico les cuentas a tus amigos tu desgracia; ellos te animan y te consuelan. Sabes que su amor es auténtico porque te han apoyado y estimulado en el pasado. Tú también los has apoyado y estimulado a ellos cuando atravesaban dificultades. Te recuerdan que eres capaz y útil, no solo para la compañía para la que trabajas sino para el propio grupo.

Durante la reunión, uno de los integrantes del grupo señala que el pasaje del estudio sirve para recordar cómo Dios nos considera miembros útiles de su cuerpo. Le recuerda al grupo cómo, no hace mucho tiempo, dedicaste un fin de semana para ayudar en la mudanza de una familia a su nuevo apartamento, y confirma tu don espiritual de servicio. Te retiras de la reunión con la certeza de que el grupo te ama, te aprecia y te necesita. Las relaciones cultivadas en el grupo te permiten ver que eres útil y valioso para Dios y los demás. Siempre te retiras de la reunión con una imagen mejor de tu persona.

Es imprescindible desarrollar relaciones permanentes con otros creyentes, para amarse y apoyarse los unos a los otros.

Esta clase de entorno favorece la transformación del retrato interno desvirtuado que acarreas desde la niñez. Es imprescindible desarrollar relaciones permanentes con otros creyentes, para amarse y apoyarse los unos a los otros: una clase de Escuela Dominical para adultos, un grupo de estudio bíblico en el vecindario o una reunión en los hogares de miembros de tu iglesia. El grupo debe ser lo suficientemente pequeño para que las personas puedan conocerse íntimamente. Sentarse en un banco de la iglesia todos los domingos una hora por la mañana no fomenta las relaciones. Intégrate a un grupo pequeño donde las relaciones constantes de amor confirmen la verdad de lo que Dios dice que eres.

El programa de transformación de Dios

La descripción de la iglesia primitiva nos presenta el programa diseñado por Dios para transformar nuestro sentido de identidad:

«Se mantenían firmes en la enseñanza de los apóstoles, en la comunión, en el partimiento del pan y en la oración. Todos estaban asombrados por los muchos prodigios y señales que realizaban los apóstoles. Todos los creyentes estaban juntos y tenían todo en común: vendían sus propiedades y posesiones, y compartían sus bienes entre sí según la necesidad de cada uno. No dejaban de reunirse en el templo ni un solo día. De casa en casa partían el pan y compartían la comida con alegría y generosidad, alabando a Dios y disfrutando de la estimación general del pueblo. Y cada día el Señor añadía al grupo los que iban siendo salvos.» (Hechos 2:42-27)

El énfasis en este pasaje y en todo el Nuevo Testamento radica en tres experiencias comunes a todo creyente. Fíjate cómo estos tres elementos se corresponden con los tres aspectos de la atmósfera transformadora anteriormente descrita.

1. *Todo creyente debe participar activamente de la enseñanza.* La iglesia del primer siglo estaba consagrada a la enseñanza de la palabra de Dios. Lo mismo debemos hacer nosotros. Estudiamos la Biblia no para aprender qué *hacer* como cristianos, sino cómo *ser* como cristianos. A medida que entendamos lo que las Escrituras nos explican sobre lo que somos y lo que hemos de ser, nuestra fe se hará cargo por sí misma de la parte práctica.

2. *Todo creyente debe relacionarse activamente con otros creyentes.* Los creyentes de Jerusalén estaban tan consagrados a la comunión (se reunían, oraban y comían juntos), como al estudio de la Palabra. Al reunirse, experimentaban la Palabra cada día. Allí aprendieron a tratarse unos a otros como miembros amados, valiosos y competentes de la familia de Cristo.

3. *Todo creyente debe testificar activamente.* Del ejemplo positivo de otros creyentes aprendemos lo que significan el amor y la

valoración de Dios. Pero las personas que no son cristianas también necesitan saber que Dios las ama y las valora. De acuerdo con el Nuevo Testamento, testificar significa vivir la verdad de lo que somos en Cristo y luego contárselo a otros en cualquier oportunidad. La iglesia primitiva crecía numéricamente cada día porque hacía esto precisamente. El principal vehículo para proclamar el evangelio de salvación es mostrar nuestra identidad como hijos de Dios amados, valiosos y competentes.

Encontramos un excelente ejemplo de cómo el apóstol Pablo puso en marcha este proceso entre los creyentes en 1 Tesalonicenses 2:1-2. En este pasaje nos describe cómo trató a los creyentes de Tesalónica con la delicadeza de una madre que amamanta a sus hijos (versículo 7). Nos describe cómo los exhortó y los animó como un padre a sus propios hijos (versículo 11). Pone de manifiesto la relación que tenía con ellos: «Así nosotros, por el cariño que les tenemos, nos deleitamos en compartir con ustedes no sólo el evangelio de Dios sino también nuestra vida. ¡Tanto llegamos a quererlos!» (versículo 8).

La participación de Pablo en el proceso de transformación resulta evidente en este pasaje. Les *enseñó* a los nuevos convertidos la verdad de cómo Dios los mira; se *relacionó* con ellos con amor y comprensión; les *testificó* y sirvió de *modelo* para que ellos pudieran entender lo que significa ser una persona piadosa con un sentido propio de identidad.

En dos ocasiones Pablo llama a sus lectores *hermanos*, aunque podía haberlos tratado con más autoridad por ser un apóstol. Es muy importante tener presente esta distinción cuando consideramos las relaciones en el cuerpo de Cristo. Cada uno es un aprendiz y un maestro simultáneamente. A veces puedes pensar que siempre estás dando o que siempre estás recibiendo. Pero una relación entre hermanos y hermanas en Cristo se da en ambas direcciones. Cuando un entorno favorece la transformación, cada uno da y recibe, sirve y lo sirven.

«Este proceso se parece al discipulado» puedes pensar. Pues sí, la transformación de nuestro sentido de identidad forma parte del proceso de discipulado, aunque solemos considerar el discipulado como el aprendizaje de la vida cristiana. En un sentido amplio, el discipulado es aprender a *ser* cristiano. Antes de aprender cómo vivir, debes comprender quién eres. Espero que participes de la vida de un cuerpo de creyentes cuyo objetivo al ser ejemplo, enseñar y relacionarse con la verdad, sea convertirse en lo que somos además de hacer lo que debemos.

La Palabra de Dios en el proceso de transformación

El Espíritu Santo obra por intermedio del cuerpo de creyentes y de su Palabra santa para ayudarnos a mirarnos con los ojos de Dios. Pedro escribió: «Deseen con ansias la leche pura de la palabra, como niños recién nacidos. Así, por medio de ella, crecerán en su salvación, ahora que han probado lo bueno que es el Señor» (1 Pedro 2:2-3). La Palabra de Dios es el principal agente renovador de nuestras mentes para hacernos pensar como él piensa y mirar como él mira (lee Romanos 12:2).

Fíjate cómo el ministerio de la Palabra por intermedio de otros produce en nosotros la madurez, que comienza con un concepto maduro de lo que somos:

> «Él mismo constituyó a unos, apóstoles; a otros, profetas; a otros, evangelistas; y a otros, pastores y maestros, a fin de capacitar al pueblo de Dios para la obra de servicio, para edificar el cuerpo de Cristo. De este modo, todos llegaremos a la unidad de la fe y del conocimiento del Hijo de Dios, a una humanidad perfecta que se conforme a la plena estatura de Cristo.
>
> »Así ya no seremos niños, zarandeados por las olas y llevados de aquí para allá por todo viento de enseñanza y por la astucia y los artificios de quienes emplean artimañas engañosas. Más bien, al vivir la verdad con amor, creceremos hasta ser en todo como aquel que es la cabeza, es decir, Cristo.»
> *(Efesios 4:11-15)*

Mediante su Palabra, Dios nos revela sus atributos, su carácter y su personalidad. Dios utiliza el cuerpo de Cristo, la iglesia, para que estas características se hagan efectivas y tangibles en nuestra vida. Jesús les dijo a los discípulos: «El que me ha visto a mí, ha visto al Padre... ¿Acaso no crees que yo estoy en el Padre, y que el Padre está en mí? Las palabras que yo les comunico, no las hablo como cosa mía, sino que es el Padre, que está en mí, el que realiza sus obras» (Juan 14:9-10). Jesús asumió forma humana para revelarnos a Dios de manera que pudiéramos entenderlo. Por ejemplo, el amor de Dios está claramente reflejado en la compasión que Cristo mostró por sus discípulos, por los afligidos y por los perdidos.

Jesús hizo que el carácter y los atributos de Dios fueran reales. La personalidad de Dios tomó forma humana. Sabemos cómo es Dios porque Jesús nos mostró cómo era. Sabemos que somos amados, valiosos y competentes para Dios porque así se relacionaba Jesús con las personas. ¿Acaso el propósito de la iglesia no será también revelar el carácter de Dios como lo hizo Jesús? ¡Por supuesto que sí! Como cuerpo de Cristo debemos mostrar el carácter y los atributos de Dios el Padre los unos a los otros y al mundo. No hay mejor manera de sabernos amados y valorados por Dios que sentir que su pueblo nos ama y nos valora. No hay mejor manera de mirarnos con los ojos de Dios que contar con creyentes afectuosos que nos digan y nos muestren lo que Dios mira. Una cosa es leer sobre Dios en las Escrituras o escuchar hablar de él en un sermón, y otra, más tangible, es sentir a Dios a través de los miembros de su iglesia.

El programa de Dios aplicado a tu necesidad

Dios transforma nuestros retratos internos cuando nos sometemos al programa divino para hacer efectiva nuestra verdadera identidad. Los siguientes pasos te ayudarán a poner en práctica el programa de Dios para tu situación en particular:

1. *Identifica tu necesidad específica.* ¿Cuál de las tres columnas

de tu identidad necesita ser transformada con más urgencia? En particular, ¿cuál de las siguientes circunstancias te resulta más difícil de aceptar: Dios te ama tal como eres y quiere que seas su hijo (te considera digno de ser amado); Dios habría enviado a Jesús a morir por ti aunque hubieras sido la única persona sobre la tierra (eres valioso); Dios te ha confiado la tarea de alcanzar y servir a otros (eres útil)? ¿Qué aspecto sobresale cuando reflexionas sobre estas preguntas? Quizá debas comenzar concentrándote en ese aspecto.

Si te resulta difícil encontrar un aspecto al que dedicar tu atención, ponlo en oración. Pídele a Dios que te ilumine para saber qué aspecto de tu retrato subjetivo desea adaptar a la visión que tiene de ti. Ora con fe y esperanza. Recuerda que ¡él es la persona que mejor te conoce y más te ama! Quiere que la percepción de tu identidad sea igual a la percepción que él tiene de ti. Puedes comenzar tu oración con la petición del salmista: «Examíname, oh Dios, y sondea mi corazón; ponme a prueba y sondea mis pensamientos. Fíjate si voy por mal camino, y guíame por el camino eterno» (Salmo 139:23-24).

Puedes pedirle a otra persona que te acompañe en tu búsqueda, especialmente si descubres recuerdos o experiencias dolorosas del pasado. Puedes pedirle a tu cónyuge, a un amigo cristiano de confianza, a un pastor o a un consejero cristiano, que oren contigo para procurar la obra transformadora de Dios.

2. Encuentra ayuda en las Escrituras. Cuando tengas una idea del aspecto de tu vida que más necesitas transformar, comienza a estudiar las Escrituras con esa necesidad en mente. Siempre que te sientes a leer la Biblia, pídele a Dios que su Palabra obre en tu mente y en tu corazón para que puedas mirarte como él te mira. Durante el estudio, descubrirás versículos y pasajes que parecen haber sido escritos a la medida para tu situación. Puedes leer pasajes que ya has leído antes varias veces y reparar en algo en lo que nunca te habías fijado, justo lo que necesitabas. Este estudio bíblico específico, con un propósito claro, te ayudará a comprender cómo puedes cambiar tu retrato interno.

La Palabra de Dios tiene poder para transformar vidas. Cuando estudias y meditas sobre los pasajes de las Escrituras referidos a necesidades específicas, los resultados pueden ser espectaculares. Estos resultados solo se pueden explicar como la obra sobrenatural del Espíritu Santo. El Espíritu usa la Palabra de Dios para reconstituir y transformar la manera en que nos miramos.

3. *Pídele ayuda a otros creyentes.* Por último, permite que otros miembros del cuerpo de Cristo sean instrumentos del Espíritu Santo y te ayuden en tu transformación. En Gálatas 6:2 se nos enseña: «Ayúdense unos a otros a llevar sus cargas, y así cumplirán la ley de Cristo.» No eres el único cristiano que necesita tener una imagen más nítida de su verdadera identidad. Todos estamos inmersos en un proceso de aprendizaje para mirarnos con los ojos de Dios. Pablo nos exhorta a que nos ayudemos unos a otros para cumplir este propósito. ¿Cómo? De cualquier manera que podamos. Pero solo es posible ayudarnos mutuamente si nos confiamos nuestras cargas los unos a los otros. Esto significa que debes estar dispuesto a compartir tus cargas pesadas con otros y buscar la ayuda de los demás, así como a prestar tu apoyo a las personas afligidas que haya a tu alrededor. Debes ser transparente, contarle a los demás tus conflictos. Debes permitir que otros te amen y te cuiden así como tú los amas y te preocupas por ellos.

Mediante la interacción solícita de los miembros del cuerpo de Cristo, experimentamos el amor de Dios y sus atributos personalmente. Cuando nos relacionamos unos con los otros en conformidad con el programa de Dios, nos convertimos en beneficiarios de su carácter y su personalidad de modo tal que nuestra vida se transforma. Nuestras relaciones con otros creyentes son el catalizador para la sanidad en nuestras vidas. Por ejemplo, cuando Dios me consuela, tiene compasión de mí y me perdona por intermedio de otras personas, comienzo a verme con los ojos de Dios. Cuando Dios me utiliza para aceptarte y estimularte, tú puedes mirarte más claramente con los ojos de Dios. Como me tratan como una persona de valor y mérito, puedo considerarme valioso y útil. Como confían en ti, desarrollarás más confianza en ti mismo como hijo de Dios. Nuestros retratos internos se transforman cuando el Espíritu Santo nos utiliza para que nos revelemos a Cristo unos a otros y poder así transformar nuestros retratos subjetivos.

El proceso continuo de amarse y aceptarse mutuamente produce una espiral ascendente de transformación en el cuerpo de Cristo. Cuanto más nos concebimos con la visión de Dios, más fácil nos resulta aceptar que somos amados, valiosos y útiles. Cuanto más nos aceptan como somos, más fácil nos resulta amar y aceptar a los demás. Cuando los demás pueden sentir el amor y la aceptación de Dios que difundimos, se sienten más seguros de que son amados, valiosos y útiles para Dios. Ellos, a su vez, crecerán sirviéndonos con amor y con la aceptación de Dios. Y así sucesivamente: el proceso del ministerio se desarrolla a medida que nos estimulamos «al amor y las buenas obras» (Hebreos 10:24).

En este contexto transformador nos exponemos cada vez más a la luz divina. A medida que la luz de la verdad de Dios resplandece en nuestras vidas, inevitablemente nos percibiremos más como Dios nos mira, que es exactamente lo que él desea.

PARA TENER UNA IDEA LÚCIDA DE TU IDENTIDAD

En primer lugar, para comprender quién eres debes entender quién es Dios y conocer lo que siente por ti. Reflexiona sobre las siguientes verdades acerca de Dios. Tómate un tiempo para escribir tus respuestas a las preguntas en un cuaderno o en un diario.

1. *Dios es paciente.* Leemos en Romanos 2:4: «¿No ves... las riquezas de la bondad de Dios, de su tolerancia y de su paciencia?»
   - ¿Qué significa que Dios sea paciente?
   - ¿Qué significa que el Dios paciente quiera que crezcas y experimentes su amor por ti mediante el amor y el cuidado de otros creyentes?

2. *Dios cuida de ti.* Leemos en el Salmo 103:4: «Él rescata tu vida del sepulcro y te cubre de amor y compasión.»
   - ¿Qué significa que Dios te cubre de amor y compasión?
   - ¿Qué significa que Dios se preocupa tanto por ti que te rodea de personas cariñosas y afables?

En segundo lugar, para comprender quién eres necesitas prestar atención a lo que Dios dice que *eres*. Escucha la voz de Dios hablándote:

1. *Dios dice: «Eres exclusivo.»* Leemos en Deuteronomio 4:20: «Pero a ustedes el SEÑOR los tomó y los sacó de Egipto... para que fueran el pueblo de su propiedad, como lo son ahora.»
   - Toma este versículo y hazlo tuyo: «Dios me rescató para que fuera de él, de su exclusividad. Puedo decir con confianza que le pertenezco a Dios.»
   - ¿Qué significa que Dios te quería tener como su hijo en especial?
   - ¿Puedes comprender lo que Dios siente por ti al rescatarte y distinguirte?

2. *Dios dice: «Estás creciendo.»* Leemos en 1 Tesalonicenses 3:12: «Que el Señor los haga crecer para que se amen más y más unos a otros, y a todos, tal como nosotros los amamos a ustedes.»
   - Toma este versículo y hazlo tuyo: «El Señor me hará crecer para que mi amor abunde y se derrame en las personas que están a mi alrededor, así como el amor de otros creyentes se derrama en mí.»
   - ¿Qué significa que Dios quiere que crezcas y que te ayudará a crecer?
   - ¿Puedes comprender lo que Dios siente por ti cuando te ayuda a crecer para que te parezcas más a él?

Tómate un tiempo para agradecerle a Dios lo que te ha revelado acerca de su persona. Escúchalo mientras habla a tu corazón en el transcurso de los próximos días y semanas. Deja que estas verdades de las Escrituras obren en lo profundo de tu corazón y de tu identidad.

Capítulo 14

Una vista panorámica de tu persona

En el capítulo nueve estudiamos la historia de la resurrección de Lázaro, y advertimos cómo Jesús, después de haberlo resucitado, mandó a sus amigos y parientes que le quitaran las vendas para liberarlo. Pero, ¿liberarlo para qué? ¿Cuál era el propósito de la libertad de Lázaro?

Hagámonos esta misma pregunta. ¿Para qué sirve una percepción restaurada de nuestra identidad? ¿Es solo para que nos sintamos mejor con nosotros mismos? ¿Es solo para que nos sintamos satisfechos? ¿Es solo para que seamos libres porque sí?

En absoluto. Dios desea restaurar nuestro autorretrato imperfecto por un motivo más elevado. Desea que estemos completamente convencidos de que somos dignos de ser amados, valiosos y competentes, porque tiene una tarea para encomendarnos.

¿Te has dado cuenta de que tú y yo somos el regalo que Dios le hace al mundo? Si así no fuera, no tendría ningún sentido estar aquí. Hubiera tenido mucho más sentido que Dios nos hubiera llevado derecho al cielo en el mismo instante en que confiamos en Cristo. El hecho de que nos mantenga en la tierra después de habernos hecho sus hijos nos revela que somos su regalo a la humanidad, que tenemos un propósito definido para estar aquí. Este propósito está ligado a cómo nos mira Dios y cómo debemos mirarnos nosotros. Es crucial que entendamos nuestro propósito en la vida para tener un claro sentido de identidad.

Bob es un «cazador de ejecutivos», una persona que selecciona y recluta ejecutivos para cargos directivos en otras compañías.

El otro día me estaba explicando cómo entrevista a los candidatos: «Sabes, Josh, cuando encuentro un ejecutivo que me interesa conocer, me gusta desarmarlo. Los hago pasar a mi oficina y les ofrezco un trago. Luego me saco la chaqueta, me suelto el nudo de la corbata, y pongo los pies sobre la mesa. Averiguo qué les interesa: los deportes, las caminatas, los libros, la familia, lo que sea. Cuando están distendidos y entraron en confianza, me inclino sobre la mesa, les clavo la mirada y les pregunto: "¿Cuál es su propósito en la vida?" Es increíble cómo esos altos ejecutivos se derrumban cuando escuchan esta pregunta. No saben qué responder.»

Bob me siguió contando: «Pero el otro día entrevisté a un candidato que me sorprendió. Tenía los pies sobre la mesa y estábamos hablando de fútbol. Estaba completamente distendido. Entonces le disparé la pregunta fatal: "¿Cuál es su propósito en la vida, Nathan?" Nathan me devolvió la mirada y, sin pestañear, me dijo: "Mi propósito en la vida es ir al cielo y llevar conmigo a tantas personas como pueda." Por primera vez en mi profesión, ¡yo no sabía qué decir!»

Me encantó la respuesta de Nathan, y la he utilizado varias veces. Él sabía que lo habían «librado de las vendas» para poder «librar de las vendas» a otros. Sabía que Cristo le había dado vida y lo había libertado para que, como miembro del cuerpo de Cristo, estuviera capacitado para libertar a otros.

Un buen sentido de tu verdadera identidad como hijo de Dios amado, valioso y competente producirá en ti el deseo de colaborar con el plan redentor de Dios. Cuando entiendas que Dios nos creó a su imagen y envió a Cristo a morir por todos, querrás compartir su amor con los demás. Como Nathan, no puedes conformarte con estar camino al cielo: quieres llevar contigo a otras personas por las que Cristo murió. Por eso estamos aquí.

Puedes decir: «Pero, Josh, muy pocas personas, no sé si alguna, se han entregado a Cristo por mi testimonio.» Puede ser cierto; pero también es posible que algunas personas estén considerando confiar en Cristo gracias a lo que tú eres en Cristo y a cómo te relacionas con ellas en su amor. No es imprescindible que conduzcas de la mano a los incrédulos al altar para cumplir con el propósito divino. Tu manera de vivir les mostrará que eres distinto. Si como cristiano sabes que eres un hijo de Dios amado, valioso y competente, ya estás transmitiendo el evangelio a los demás. Si a tu *testimonio de vida* le agregas tu *testimonio verbal*: hablar sobre Cristo oportunamente, ya verás como más personas se entregan a Cristo gracias a tu esfuerzo.

Dios desea que estemos completamente convencidos de que somos dignos de ser amados, valiosos y competentes, porque tiene una tarea para encomendarnos.

El testimonio: el resultado natural de lo que somos

En el curso de nuestra formación cristiana nos han repetido que debemos testificar el evangelio. Para quienes no tenemos una idea clara de que somos hijos de Dios, amados, valiosos y competentes, el reto de testificar solo sirve para aumentar el sentimiento de culpa en el transcurso de los años, ya que no hemos visto que nadie se convierta gracias a nosotros. Es más, podemos tener un retrato subjetivo todavía más desvirtuado porque sospechamos que, debido a nuestra falta de fruto como sus testigos, Dios nos debe amar menos.

Muchos cristianos están convencidos de que sus vidas no son lo suficientemente buenas para poder dar testimonio verbal. «Necesito poner mi vida en orden antes de testificar a otros sobre Cristo», dicen. El asunto es que nunca podrán poner su vida completamente en orden. Por ende, estas personas van por la vida intentando ser «suficientemente buenas», pero nunca lo logran y, como consecuencia, se sienten culpables, frustradas y desesperanzadas. Otras personas temen las reacciones negativas que pueden recibir si testifican de Cristo; no desean ofender a nadie, ni que nadie se enoje y optan por no decir nada. Otras están convencidas de que estropearán todo cuando compartan el evangelio, dejando a sus oyentes más confundidos.

Estos temores y excusas son evidencia clara de que muchos consideran el testimonio, principalmente, como algo que *hacemos* y no el resultado natural de lo que *somos*. Este hincapié en el hacer revela un pobre sentido de identidad en Cristo, porque el cristianismo está más relacionado con *ser* que con *hacer*. Si te sientes identificado con alguno de estos temores respecto al testimonio, quizá haya un aspecto de tu sentido de identidad que necesitas transformar.

Si sientes que no eres «suficientemente bueno» para testificar de Cristo, tienes un sentido limitado del amor de Dios. Cuando adaptes el concepto que tienes de ti al de Dios: aceptado sin condiciones, perdonado y creado a su imagen, tus imperfecciones dejarán de ser un impedimento. Debes darte cuenta de que Dios te ama y quiere utilizarte, incluso cuando «estás en proceso» de maduración como cristiano. Si Dios tuviera que esperar a que alcanzáramos la plena madurez antes de encomendarnos compartir el evangelio con los demás, ¡tendría que esperar a que llegáramos al cielo! Además, si todos fuéramos perfectos, las personas a quienes testificamos se sentirían descorazonadas, creerían que sería imposible ser como nosotros. Las personas que, a pesar de sus imperfecciones, se consideran amadas y aceptadas, testifican y transmiten con más naturalidad el amor de Dios.

Si tienes miedo de las reacciones negativas que tu testimonio puede provocar, no has entendido bien cuánto te valora Dios. Depender demasiado de la aprobación de los demás está evidenciando una baja estimación de tu valor intrínseco para el Creador. ¿A qué le tienes miedo? Dios te tiene en tan alta estima que permitió que su Hijo muriera por ti. El Rey del universo te ama y te valora. Aunque todos tus conocidos se negaran a escucharte, Dios todavía te valora. Si sientes temor a la reacción de los demás frente a tu testimonio, deberías orar para consolidar la segunda columna de tu identidad, la valoración de Dios.

Si no te animas a testificar porque temes cometer un error o confundirte, no tienes claro lo útil y capaz que puedes ser para Dios. En un sentido, es como si le dijeras a Dios: «Sé que quieres que testifique, pero tendrás que usar a otra persona más capacitada y segura de sí, porque yo no soy ni una cosa ni la otra.» La importancia del testimonio no radica en lo que digamos o lo bien que lo expresemos. Por el contrario, lo que importa es que somos los hijos amados de Dios. Tú eres único y capaz, por ser como eres. Entre los más de seis mil millones de habitantes en esta tierra, no hay otra persona como tú. Dios conoce tus capacidades y tus limitaciones, y puede usarte aunque a veces te sientas incompetente. Lo único que debes hacer es orar: «Dios, solo quiero ser lo que tú deseas que sea. Testificaré de la mejor manera que pueda, y dejaré el resultado en tus manos.»

El derecho a ser escuchado

Cuando compartimos el evangelio de Cristo con el mundo, hay un factor importante: hacer bien a los demás. En todas las Escrituras se nos exhorta a hacer lo justo y el bien. Pablo nos dejó instrucciones: «Cada uno debe agradar al prójimo para su bien, con el fin de edificarlo» (Romanos 15:2). En otra ocasión escribió: «Por lo tanto, siempre que tengamos la oportunidad, hagamos bien a todos, y en especial a los de la familia de la fe» (Gálatas 6:10). Nos animó: «Ustedes, hermanos, no se cansen de hacer el bien» (2 Tesalonicenses 3:13), y «no nos cansemos de hacer el bien» (Gálatas 6:9). Las personas tienen la oportunidad de ver al Salvador en nuestras vidas cuando hacemos el bien a los demás.

Además de revelar a Dios cuando hacemos el bien a otros, Dios también se manifiesta cuando los demás miran que hacemos lo mejor que podemos en cada circunstancia. Pablo hizo el siguiente reto a los gálatas: «Cada cual examine su propia conducta; y si tiene algo de qué presumir, que no se compare con nadie» (Gálatas 6:4). Procurar hacer siempre lo mejor posible no es lo mismo que desear ser el mejor. Desear ser el mejor implica compararse con lo demás, algo que la Biblia desaconseja. Hacer lo mejor posible, en cambio, permite que glorifiquemos a Dios con nuestras obras. Cuando utilizas tus dones, tus talentos y tus capacidades con el poder del Espíritu Santo, lo que los demás hagan carece de importancia. Dios utilizará tus esfuerzos para atraer a otros a él.

En paz con tu persona

En una ocasión, abordé un avión y fui testigo de algo extraño. La azafata que saludaba a los pasajeros tenía un ramo con una docena de hermosas rosas. He abordado miles de viajes comerciales, pero nunca había visto una azafata con un ramo de flores.

Me detuve y le pregunté:

—¿Te las regaló tu novio?

—No —me respondió.

—¿Tu marido, entonces?

Sacudió su cabeza.

—¿Quién, entonces? —insistí—, ¿quién te las regaló?

—Me las compré para mí —me dijo con una gran sonrisa.

Fui a mi asiento y guardé los bolsos de mano; luego, regresé a la entrada y me presenté a la azafata. Durante la conversación le dije que me dedicaba al ministerio cristiano, y ella me dijo que también era creyente.

Todavía sentía curiosidad por las flores:

—¿Por qué compraste una docena de rosas?

—Porque estoy contenta con mi persona —contestó de inmediato.

¡Qué tremenda plataforma para compartir el evangelio de Cristo con los demás! El concepto que tenemos de nosotros mismos determina lo eficaz que pueda ser nuestro testimonio de palabra y de vida. En la medida que crecemos espiritualmente, con la tranquilidad que nos da saber que Dios nos ama, nos valora y nos usa en su servicio, nos convertimos en «olor de vida» para las personas que desesperadamente buscan la paz que disfrutamos como hijos de Dios (2 Corintios 2:16).

Nadie estaba más en paz consigo mismo que el Rey David, seguro de su identidad como criatura divina. El siguiente salmo de alabanza celebra la presencia, el conocimiento y la autoridad de Dios sobre todos los aspectos de su vida.

> SEÑOR, tú me examinas, tú me conoces.
> Sabes cuándo me siento y cuándo me levanto; aun a la distancia me lees el pensamiento.
> Mis trajines y descansos los conoces; todos mis caminos te son familiares.
> No me llega aún la palabra a la lengua cuando tú, SEÑOR, ya la sabes toda.
> Tu protección me envuelve por completo; me cubres con la palma de tu mano.
> Conocimiento tan maravilloso rebasa mi comprensión; tan sublime es que no puedo entenderlo.
> ¿Adónde podría alejarme de tu Espíritu? ¿Adónde podría huir de tu presencia?
> Si subiera al cielo, allí estás tú; si tendiera mi lecho en el fondo del abismo, también estás allí.
> Si me elevara sobre las alas del alba, o me estableciera en los extremos del mar, aun allí tu mano me guiaría, ¡me sostendría tu mano derecha!...
> Tú creaste mis entrañas; me formaste en el vientre de mi madre.
> ¡Te alabo porque soy una creación admirable! ¡Tus obras son maravillosas, y esto lo sé muy bien!
> Mis huesos no te fueron desconocidos cuando en lo más recóndito era yo formado, cuando en lo más profundo de la tierra era yo entretejido.
> Tus ojos vieron mi cuerpo en gestación: todo estaba ya escrito en tu libro; todos mis días se estaban diseñando, aunque no existía uno solo de ellos.

¡Cuán preciosos, oh Dios, me son tus pensamientos!
¡Cuán inmensa es la suma de ellos!
(Salmo 139:1-10, 13-17)

Estos son los pensamientos de un hombre en paz consigo mismo, seguro de ser parte de la creación amada de Dios. No resulta nada sorprendente que, a pesar de sus evidentes fracasos, Dios lo haya podido usar tan eficazmente mientras fue rey de Israel. Por eso, durante el transcurso de los siglos, sus salmos han sido un testimonio poderoso del amor y la salvación de Dios. El ejemplo de David me hace creer que un conocimiento más a fondo de Dios y una comprensión más plena del concepto que él tiene de nosotros, son requisitos indispensables para ser testigos fieles. Es importante memorizar versículos de la Biblia y tener un plan para testificar; pero estos medios no pueden sustituir el testimonio natural que brota de la vida de los cristianos seguros de su identidad en Cristo y contentos de ser quienes son.

Una habitación llena de flores

Por muchos años pasé la noche de fin de año solo en una habitación de hotel, en Laguna Beach, California; lejos de mi hogar y de mi familia. En aquellos días tenía un cargado programa de conferencias entre Navidad y Año Nuevo. Comenzaba la gira en la costa este, después de pasar la Navidad con los padres de Dottie. Al día siguiente, comenzaba mi viaje de una semana; hablaba en conferencias estudiantiles, de noche y de día, hasta acabar la gira en la costa oeste el día de fin de año. Mi familia, mientras, se encontraba en Nueva Inglaterra, y yo terminaba la gira agotado emocional, física y espiritualmente. Esas fueron las noches en que me he sentido más solo en toda mi vida.

En una ocasión mi amigo Don Stewart me recogió en el aeropuerto de California del Sur, y mientras conducíamos por el Cañón Laguna, dirigiéndonos al motel, pasamos un camión que hacía las veces de puesto carretero donde una pareja vendía flores.

Le pedí a Don que se detuviera, descendí del coche y compré un enorme ramo con cinco docenas de flores. Nos dio bastante trabajo ubicar las cinco docenas de flores en el pequeño coche de Don, un Honda Civic, pero finalmente lo logramos.

Don continuó conduciendo en silencio, pero yo sabía que estaba extrañado por mi compra. Estaba seguro de que estaba pensando. *¿Qué está haciendo? Está solo, su esposa y sus hijos están a tres mil millas de distancia y iva a pasar el fin de año solo en una habitación de hotel con cinco docenas de flores! Lo conozco desde hace años, ¿será de veras el líder cristiano que creo que es?*

Don siguió conduciendo en silencio, hasta que me preguntó de repente: «Está bien, Josh, me rindo. ¿Para qué compraste las flores?»

Le conté la historia de la azafata que se había comprado una docena de rosas y le dije: «Estas flores servirán para recordarme quién es Dios, lo que Jesús hizo por mí, y lo que soy por la gracia de Dios. Hoy voy a colocar estas flores en la habitación del hotel para acordarme de que Dios me ama, me cuida y me perdona; y que me puedo aceptar como su creación exclusiva. Estas flores me permitirán agradecer a Dios el haberme usado durante esta semana para compartir su amor con el mundo, aunque tenga que pasar la noche de fin de año solo en una habitación de hotel.»

Quizá sea hora de que tú salgas y te compres una docena de rosas. O, posiblemente solo necesites decirle a Dios: «Gracias por ser quien soy. Gracias por amarme incondicionalmente, valorarme tanto que merecí el sacrificio de tu Hijo y usarme para compartir tu amor con otras personas. Deseo mirarme exactamente como tú me miras. Deseo mirar a otros exactamente como tú los miras. Te entrego mis limitaciones y mis dudas para que puedas hacer de mí un mejor instrumento en la tarea de compartir tu amor con el mundo.»

PARA TENER UNA IDEA LÚCIDA DE TU IDENTIDAD

En primer lugar, para comprender quién eres debes entender quién es Dios y conocer lo que siente por ti. Reflexiona sobre las siguientes verdades acerca de Dios. Tómate un tiempo para escribir tus respuestas a las preguntas en un cuaderno o diario.

1. *Dios derrocha su amor.* Leemos en Deuteronomio 7:7-8: «El SEÑOR se encariñó contigo y te eligió, aunque no eras el pueblo más numeroso... Lo hizo porque te ama.»
   - ¿Qué significa que Dios se encariñó contigo?
   - ¿Qué significa que este Dios derrochador de amor desea que derrames su amor en los demás?

2. *Dios es suficiente.* Leemos en Hebreos 13:20-21: «El Dios que da la paz levantó de entre los muertos al gran Pastor de las ovejas, a nuestro Señor Jesús, por la sangre del pacto eterno. Que él los capacite en todo lo bueno para hacer su voluntad. Y que, por medio de Jesucristo, Dios cumpla en nosotros lo que le agrada. A él sea la gloria por los siglos de los siglos. Amén.»
   - ¿Qué significa que Dios te capacitará y te dará todo lo que necesites para hacer su voluntad?
   - ¿Qué significa que Dios cumplirá en ti lo que le agrada?

En segundo lugar, para comprender quién eres necesitas prestar atención a lo que Dios dice que *eres*. Escucha la voz de Dios hablándote:

1. *Dios dice: «Eres mi testigo».* Leemos en Hecho 1:8: «Pero cuando venga el Espíritu Santo sobre ustedes, recibirán poder y serán mis testigos.»
   - Toma este versículo y hazlo tuyo: «Dios ha derramado el Espíritu Santo en mi vida. Por el poder del Espíritu

Santo, doy testimonio a los demás de lo que Dios ha hecho por mí.»
- ¿Qué significa que tu vida es un testimonio vivo del amor de Dios?
- ¿Puedes comprender lo que Dios siente por ti al elegirte como uno de sus testigos?

2. *Dios dice: «Te he llamado».* Leemos en Romanos 1:6: «Entre ellas están incluidos también ustedes, a quienes Jesucristo ha llamado.»
    - Toma este versículo y hazlo tuyo: «El Dios del universo me ha llamado para ser su hijo, para ser de él y para compartir su amor con los demás.»
    - ¿Qué significa que Dios te haya llamado y capacitado para ser su testigo?
    - ¿Puedes comprender los que Dios siente por ti al llamarte?

Tómate un tiempo para agradecerle a Dios lo que te ha revelado acerca de su persona. Escúchalo mientras habla a tu corazón en el transcurso de los próximos días y semanas. Deja que estas verdades de las Escrituras obren en lo profundo de tu corazón y de tu identidad.

APÉNDICE

Los Ministerios para la Intimidad
(Intimate Life Ministries)

En este libro he mencionado en varias ocasiones la obra del Dr. David Ferguson. El ministerio de David me ha sido de tanta ayuda en los últimos años que deseo que tú también puedas tener la oportunidad de aprovechar su obra y su ministerio. David y su esposa, Teresa, dirigen una obra llamada Ministerios para la Intimidad.

¿DE QUÉ SE TRATA?

Los Ministerios para la Intimidad (MI) son un servicio de entrenamiento y recursos con el propósito de *promover el desarrollo de ministerios mundiales según el gran mandamiento*. Los ministerios según el gran mandamiento, ministerios que nos ayudan a amar a Dios y al prójimo, se desarrollan para estrechar nuestros lazos íntimos con Dios y con otras personas en el matrimonio, la familia y la iglesia.

Estos ministerios comprenden:

- Una red de **iglesias** para consolidar los hogares y las comunidades en el amor de Dios.
- Una red de **pastores** y otros **líderes evangélicos** que caminan en estrecha comunión con Dios y sus familias, y que procuran vivir con responsabilidad frente a su pueblo.
- Un equipo de **entrenadores acreditados**, con el compromiso de ayudar a las iglesias a establecer y desarrollar ministerios según el gran mandamiento.

- Un equipo de **asociados profesionales**, pastores y cristianos profesionales, para colaborar en la investigación, el entrenamiento y el desarrollo de recursos.
- **Radioemisoras, editoriales, medios de comunicación y otras entidades afiliadas,** para fomentar la recuperación de relaciones divinas en matrimonios y familias.
- **Personal administrativo** central para proporcionar estrategias, coordinación y respaldo.

El servicio de Ministerios para la Intimidad

La red de iglesias de MI proporciona respaldo eficaz y desarrolla la capacitación de las iglesias y líderes cristianos. Hay cuatro maneras, por lo menos, de servicio:

1. Servicio a líderes en el ministerio

MI ofrece un exclusivo retiro espiritual «Gálatas 6:6» de dos días, para ministros y cónyuges, con el propósito de promover la renovación personal para restablecer y reafirmar prioridades pastorales y familiares. La estadía y la comida, patrocinadas por asociados, son sin cargo para los líderes en el ministerio. Se realizan entre treinta y cuarenta retiros en Estados Unidos y Europa cada año.

2. Vínculos con denominaciones y otras entidades afines

Varias denominaciones y entidades afines están asociadas a MI «en comisión» para capacitar a sus líderes en retiros «Gálatas 6:6» y brindarles entrenamiento estratégico y recursos. Esta asociación permite a las denominaciones utilizar la experiencia práctica de los entrenadores de MI y sus recursos para continuar el movimiento del ministerio del gran mandamiento en el ámbito local. MI también proporciona espacios para resolución de crisis, donde las denominaciones pueden enviar a los pastores, parejas o familias con conflictos de relación.

3. Identificación, entrenamiento y capacitación de líderes laicos

MI se compromete a ayudar a las iglesias en la capacitación de los líderes laicos mediante:

- *Serie de sermones* sobre varios temas relacionados con el gran mandamiento, para ayudar a los pastores a transmitir la visión del gran mandamiento, así como identificar y desarrollar un grupo de liderazgo laico de base.
- *Cursos de entrenamiento en la comunidad* para proporcionar entrenamiento semanal o durante los fines de semana al personal de la iglesia y los líderes laicos. Los cursos, a cargo de MI, incluyen videos de entrenamiento, cuadernos de trabajo y cursos de estudio.
- *Talleres de entrenamiento de un día de duración* para enseñar cómo poner en práctica el ministerio del gran mandamiento en la iglesia local, en el matrimonio, la crianza de los hijos y el ministerio para solteros. Estas conferencias, a cargo de entrenadores de MI, son un excelente punto de partida para comenzar el ministerio del gran mandamiento en la iglesia local.

4. Entrenamiento avanzado y respaldo para las crisis.

MI provee entrenamiento avanzado para ministros y líderes laicos en el Instituto de Liderazgo, con énfasis en el campo de las relaciones (matrimonio, crianza de hijos, familia, soltería, hombres, mujeres, familias mixtas, y consejería espiritual). El Centro para el Enriquecimiento Espiritual proporciona apoyo para las relaciones en crisis mediante retiros intensivos para parejas, familias y personas solteras.

Para obtener más información sobre la manera como tú, tu iglesia o tu denominación pueden aprovechar los diversos servicios y recursos ofrecidos por Ministerios para la Intimidad, tales como los recursos de entrenamiento para el ministerio del gran mandamiento, escribe o llama a:

Intimate Life Ministries
P. O. Box 201808
Austin, TX 78720-1808
1-800-881-8008

Acerca del Autor

Josh McDowell es conocido internacionalmente como orador, escritor y activista itinerante de la Cruzada Estudiantil y Profesional para Cristo *(Campus Crusade for Christ)*. Graduado del Wheaton College y del Talbot Theological Seminary, Josh ha escrito más de cuarenta y cinco libros, incluyendo *Más que un carpintero*, *Evidencia que exige un veredicto* y *Es bueno o es malo*. Josh y su esposa, Dottie, tienen cuatro hijos y viven en Lucas, Texas.

Nos agradaría recibir noticias suyas.
Por favor, envíe sus comentarios sobre este libro
a la dirección que aparece a continuación.
Muchas gracias.

EDITORIAL VIDA
8325 NW 53rd St., Suite: 100
Miami, Florida 33166-4665
Vidapub.sales@harpercollins.com
http://www.editorialvida.com